빠빠라기

빠빠라기

처음으로 문명을 본 남태평양
티아베아 섬마을 추장 투이아비 연설집
에리히 쇼이어만 엮음 | 강무성 옮김

DER PAPALAGI
Die Reden des Südsee-Häuplings Tuiavii aus Tiavea

이 책은 실로 꿰매어 제본하는 정통적인 사철 방식으로 만들어졌습니다.
사철 방식으로 제본된 책은 오랫동안 보관해도 손상되지 않습니다.

사모아인들이 백인이나 이방인을 빠빠라기,
즉 〈하늘을 찢고 온 사람〉으로 부르게 된 경위는
이러하다. 사모아 섬을 최초로 방문한 유럽의
선교사들은 돛배를 타고 있었다.
사모아인들은 멀리서 다가오는 그 흰 돛을 하늘에 뚫린
구멍이라고 생각했다. 그리고 그 구멍을 통해서 유럽인이
사모아 섬을 찾아오는 것이라고 믿었다.

차례  역자의 말 | 이 책은 우리를 웃게 만든다… 싸늘하게 9

 서문 | 그가 우리를 깨닫게 한다 17   빠빠라기의 몸

을 감싸는 두렁이와 거적에 대해서 25   돌 상자, 돌이 갈라

진 틈, 돌 섬, 그리고 그 가운데에 무엇이 있는가에 대해서 41

둥근 쇠붙이와 묵직한 종이에 대해서 59   많은 물건이 빠빠라

기를 가난에 빠뜨리고 있다 77   빠빠라기에겐 한가한 시간이

없다 93  빠빠라기가 하느님을 가난하게 만들었다 107

위대한 마음은 기계보다도 억세다 123 빠빠라기의 직업에

대해서, 그리고 그것 때문에 그들이 얼마나 혼란스러워하고 있는가

에 대해서 137  속임수 생활이 있는 장소와 종이 무더기에

대해서 153  생각이라는 이름의 심각한 병 171 빠빠

라기는 우리를 그들과 똑같은 어둠 속으로 끌어들이려 한다 189

역자의말
이 책은 우리를 웃게 만든다… 싸늘하게

강무성

1.

웬일일까? 이 책 『빠빠라기』를 생각할 때면 엉뚱하게도 차갑게 몰아치는 눈보라부터 먼저 떠오른다. 남태평양, 늘 따뜻해서 간단히 두렁이 한 장만 허리에 걸치면 끝인 사모아의 어느 섬마을 추장의 연설집을 생각하며 눈보라라니. 아마도 일본어판 『빠빠라기』의 역자 오카자키 데루오의 글이 남긴 강렬한 인상 때문인 것 같다. 좀 긴 듯하지만 시적인 여운도 있는 글이라 일부분 여기에 옮겨본다.

「『빠빠라기』를 처음 만난 것은 1년 전 눈으로 덮인 스위스 알프스의 산막에서의 일이었다. 친구들과의 스키 여행이었는데, 기온은 영하 20도까지 내려가고 바람도 강해서 〈산막에서 나가면 생명도 위태롭다〉는 말에, 우리는 3일 동안 산막에 갇혀서 지냈다. 그렇지만 땔나무는 산더미처럼 있었고, 식료품도 충분한 데다가, 모두가 땀을 흘리며 운반해 온 포도주도 무진장 있어서, 걱정은커녕 오히려 한가로운 기분으로 모두 느긋하게 지냈다. 눈 덮인 창밖으로 거칠게 휘몰아치는 눈보라와 바람에 휘청거리는 전나무를 바라보기도 하고, 난로 앞에서 친구들과 이야기꽃을 피우는 것도 나쁘지 않은 즐거움이었다.

그러한 가운데 친구 중 한 사람인 안나리스가 한구석에서 책 읽기에 열중하고 있는 게 보였다. 혼자 싱글싱글 웃는가 하면 진지하게 생각에 잠기기도 하는 그녀가 마음에 걸려 〈뭘 읽고 있어?〉 하고 물었더니 〈빠빠라기〉. 툭 한마디를 할 뿐.

빠빠라기가 무엇일까? 독일어도 영어도 불어도 이탈리아어도 아닌 것 같다. 그렇게 생각하며 책을 어깨너머로 들여다보는데, 여전히 그녀는 열중해서 읽고 있다. 나는 하는 수 없이 그녀 곁에 앉아서 슬그머니 훔쳐 읽기 시작했다. 처음엔 〈두렁이〉니 〈종이 무더기〉니 하는 말들에 종잡을 수 없었으나, 읽어 나가는 동안에 야릇한 웃음이 나를 사로잡아, 페이지를 넘기려고 하는 안나리스에게 내 쪽에서 〈아직 덜 읽었어〉라고 사정을 하는 형편이었다. 우리 두 사람이 열중해 있는 것을 보고, 다른 친구가 〈무슨 책이야?〉 하고 묻는다. 우리도 다만 〈빠빠라기〉라고 대답할 수밖에. 하는 수 없이 그도 곁에 앉아서 훔쳐 읽기를 시작한다. 이리하여 이윽고 전원이 책 앞에 버텨 앉게 되고, 결국 모두에게 알려 주기 위해 안나리스가 낭독하게 되었다.

지금도 그때 안나리스가 낭독하던 목소리, 여러 사람의 웃음소리가 귓가에 쟁쟁하다. 그리고 웃는 입가에 산막 밖의 눈보라와 똑같을 정도의 싸늘한 바람이 불어닥쳤던 일들도……」

2.
이 책의 이름으로 쓰이고 있는 〈빠빠라기Papalagi〉는 남태평양의 원주민들이 백인을 가리켜 부르는 말이다. 그 뜻은 〈하늘을 찢고 온 사람〉이다. 이 이상한 뜻의 연원은 바다와 하늘이 분간되지 않는 사모아의 풍경, 그리고 최초로 서양인 선교사가 타고 온 돛배와 관련이 있다. 그 옛날, 아득한 수평선 너머로 커다란 흰돛이 나타났고, 그것이 마치 하늘에 구멍이 난 것처럼 보였던 것이다.

이른바 문명에 오염된 적이 없는 추장 투이아비는 처

음으로 그들 빠빠라기의 나라, 즉 유럽 문명세계를 여행하게 됐다. 그러나 문명의 본고장을 둘러본 그의 소회는 경이와 찬탄이었다기보다는 우려와 환멸이었다. 그가 본 것은 문명이 인간을 얼마나 비참하게 만드는가였다. 그는 문명의 유혹에 빠질 위험 앞에 놓인 자신의 동포 원주민들에게 그 실상을 전하고 경종을 울리기 위해 연설을 결심한다.

빠빠라기의 생활상을 전하는 그의 언어는 원초적이고 소박해서 문명이 내뱉는 복잡미묘한 변명 따위는 그 앞에서 모두 무색해지고 만다. 문명을 그대로 옮겨 담을 수 없는 원시의 언어가 오히려 문명을 앙상한 본질의 차원으로 환원, 혹은 해체해 버리기 때문이다. 추장 투이아비에게 돈은 한낱 〈둥근 쇠붙이〉에 불과하고, 신문은 한갓 〈종이 무더기〉에 불과하다. 그러나 실상 돈과 신문의 본질이 그 이상일 수 있을까? 그런 식으로 의복, 주거, 여행, 이윤, 능률, 자유, 노동, 환경 등 유럽의 모든 문물이 자연의 눈으로 해부된다. 그렇게 해부된 뒤에 남는 문명의 앙상한 본질에도 의미나 가치는 별로 남아나지 않는다. 그래서 그의 연설이 뜨끔한 경고로 읽힌다.

그의 연설을 통해서, 우리가 옳다고 믿고 있는 여러 가치가 근본적 부정을 당하는 것을 보며 느끼는 것은 이중

적인 감정이다. 한편 두려움, 한편 속시원함. 발전된 문명이 그려 가는 궤적이 암담하게만 느껴져서, 반문명의 거울에 비친 우리의 모습이 우스꽝스러워서.

3.
이 책과 나의 인연은 오래고 깊다. 그 인연 이야기가 단지 내 주변의 일이라기보다 한국에서 『빠빠라기』라는 책이 수용되고 걸어온 일종의 역사 같기도 해서 잠시 양해를 구하고 여기에 기록한다.

나는 1990년 한국어판 『빠빠라기』를 만든 기획자, 편집자 겸 디자이너였다. 책의 태도에 걸맞는 번역어를 찾고 문장을 고르느라 반쯤은 번역자 역할도 했다. 나는 『빠빠라기』를 처음 만난 뒤 그 책이 갖고 있는 메시지의 중요성과 시급성을 생각하며 회사에 번역 출간을 건의하고 좀 서두르는 기분으로 출판을 했다.

책을 내자 뜻밖의 놀라운 일들이 줄지어 기다리고 있었다.

첫째는, 어느 경력 많은 서점 관계자의 놀라운 증언. 그로부터 이미 10여 년 전에 다른 출판사에서 『빠빠라기』가 번역 출판된 적이 있다는 게 아닌가. 나는 전혀 모르고 있었다. 사실 나만 모른 게 아니라 아무도 모르고 있었다.

그러니까 『빠빠라기』는 80년대 초 한국에 등장했다가 주목받지 못한 채 잠들어 있었던 것이다. 둘째는, 그렇게 외면받았던 『빠빠라기』가 이번에는 마케팅 때문이었는지, 혹은 어떤 사회적 기운 때문이었는지 몰라도 순식간에 베스트셀러가 되었다는 것이다. 당시 그 선풍이 얼마나 거세었던지, 심지어 종로통에 〈빠빠라기〉라는 이름의 술집까지 생겨날 정도였다. 그러자 10여 년 전에 나왔었다는 『빠빠라기』도 새 옷을 입고 다시 나왔다. 다른 출판사들도 앞다투어 다른 『빠빠라기』들을 내기 시작했다. 당시 근본을 알 수 없는 출판물들도 많이 쏟아져 나왔는데, 길거리의 수레 위에서 팔리고 있는 『빠빠라기』의 이본異本들도 내가 수집한 것만 10여 종을 헤아렸다.

아무튼 『빠빠라기』는 그렇게 한때 나왔다가 잠들고, 다시 깨어나 선풍을 불러일으킨 기이한 역사를 가지게 되었는데, 알고 보니 한국에서만 그랬던 것이 아니었다. 묘하게도 원서의 행보도 비슷했다.

『빠빠라기』 독일어 초판은 1920년에 출간되었다. 그러나 오래지 않아 사람들의 관심에서 멀어졌다. 한동안 잠들어 있던 『빠빠라기』가 다시 깨어난 것은 1977년이었다. 단지 잠에서 깨어난 것이 아니라 세상을 떠들썩하게 했다. 독일에서만 170만 부가 판매되었고, 다양한 언어로 번역되어 세계적으로도 선풍을 불러일으켰다. 그 선풍은 일본으로도 불어닥쳤다. 일본에서 얼마나 큰 인기를 누렸는지 한 TV 방송국에서 남태평양 티아베아 섬마을에 정말 투이아비라는 추장이 살았는지 추적하는 프로그램을 만든 일까지 있었다는 후문이다. 내가 일본의 한 서점에서 그 책을 만난 것은 그런저런 선풍이 다 지나가고 잠잠해진 뒤 『빠빠라기』가 서가 한귀퉁이에 조용히 웅크리고 있던 때였다.

왜 『빠빠라기』는 잠들었다가 다시 깨어난 것일까? 그것은 시대정신의 흐름과 관련이 있을 것이다. 독일에서 『빠빠라기』가 반세기 이상의 잠을 깨고 기지개를 켠 것은, 문명의 황폐상으로부터 벗어나 〈되돌아가자〉는 세계적인 움직임의 반영이었다. 60년대, 70년대의 학생운동가와 히피, 생태주의자, 그리고 현대문명의 맹렬한 진도와 비인간화에 회의를 품는 모든 대안 그룹의 필독서로 사랑을 받으면서 다시 주목을 받기 시작한 것이다.

그 흐름이 약간의 낙차를 두고 우리에게서도 일어났다. 한국의 우리는 『빠빠라기』가 독일에서 탄생하고 잠들고 다시 깰 동안 참으로 옆도 돌아볼 겨를이 없는 세월을 보냈다. 일제의 식민통치가 있었고, 전쟁이 있었고, 그리고는 〈성장을 향한 달음박질〉로 너나없이 정신을 잃고 있었다. 그 달음박질이 완벽한 〈빠빠라기〉가 되기 위한 것인 줄도 모른 채. 그러다 언뜻 고개를 들어 보니 어느덧 〈이게 아닌데……〉 하는 지점에 도착해 있었던 것이다. 그때가 바로 우리가 충분히 〈빠빠라기〉가 되어 버린 시점, 1990년대초가 아니었던가 싶다.

그리고 『빠빠라기』는 다시 잠들었다. 나는 잠들어 있는 『빠빠라기』를 보면서 마치 내가 그 부모라도 되는 양 늘 가슴아팠다. 한때 선풍을 불러일으켰지만 정작 『빠빠라기』가 주는 메시지가 세상을 변화시켜 놓지는 못했다는 생각, 그리고 『빠빠라기』가 던지는 의미는 갈수록 커져 가고 있다는 생각 때문이었다. 이제 돌아갈 수 없을 만큼 너무 멀리 와버린 것은 아닐까……. 1977년 독일어판에 편집자 베르톨트 딜의 이런 말이 실렸는데, 나도 똑같은 말을 하고 싶다.

「지금 우리에게 가능한 일이 있다고 하면, 이 연설 가운데에서 얼마간이라도 희망을 건지는 것이다. 잘못일까. 확실히 우리의 현실은 그대로다. 그렇지만, 아무리 그렇게 될 수밖에 없었다 해도, 앞으로도 영원히 그래야 할 일일까. 그리하여, 추장이여, 우리는 지금 다시 당신의 말을 읽고, 다시 당신의 말에 귀를 기울인다.」

서문
그가 우리를 깨닫게 한다

에리히 쇼이어만

투이아비 추장은 원래 이 연설문[1]을 유럽에 발표할 뜻이 없었다. 하물며 책으로 낼 생각은 전혀 갖고 있지 않았다. 오직 폴리네시아 사람들을 위해서 이야기했을 뿐이다.

  나는 그의 양해나 승낙 없이, 오히려 그의 의사를 거스르면서 굳이 이 연설문을 유럽의 독자에게 소개하기로 하였다. 대자연과 여전히 깊은 관계를 맺고 있는 이 원주민의 눈에 도대체 우리들과 우리들의 문명이 어떻게 비춰지고 있는지가 우선 흥미로웠고, 그뿐 아니라 거기서 무엇인가를 배워서 받아들인다면 우리들 백인, 문명화된 인간

---

[1] 여기에 실은 남태평양 티아베아의 추장 투이아비의 연설은 아직 연설의 형태로 발표되지 않은 것으로, 원주민어로 된 초안을 독일어로 번역한 것이다. — 에리히 쇼이어만

에게 매우 뜻 깊을 것이라고 믿기 때문이다.

  그의 눈—이제 우리는 가지려야 절대 가질 수 없는 그의 시점을 통해, 우리는 우리 자신을 경험할 수 있다. 그의 관찰은 특히 문명을 광신적으로 신봉하는 사람들에게는 너무나 천진한 것으로, 아니 오히려 얼토당토않은 것으로 비칠는지도 모른다. 그렇지만 참된 이성을 지닌 사람, 인생을 각성된 의식으로 직시하는 사람들은 그의 관점을 통해 깊은 사색과 자기비판에 이를 수 있다. 투이아비의 명민함은 학식에서 온 것이 아니라, 신이 주신 단순성에서 비롯한 것이기 때문이다.

  이 연설문은 한마디로, 유럽 대륙의 진보된 문명으로부터 자기 자신을 해방시키라는, 자연 상태의 한 인간이 보내는 호소다. 투이아비는 유럽을 경멸하며, 그의 조상이 유럽의 빛을 기꺼이 받아들인 것이 커다란 실수라고 생각한다. 옛날 파가사 섬의 한 처녀도 같은 생각이었으리라. 백인 선교사가 최초로 찾아왔을 때 그 처녀는 해안 모래톱 위에서 종려나무 부채를 내저으며 이렇게 외쳤다지 않는가.

  「가까이 오지 마라. 저쪽으로 가라. 너희는 재앙을 일으키는 악마들이다.」

  그 처녀처럼 투이아비도 유럽인에게서 어두운 악마를

보았다. 재앙을 일으키고 모든 것을 파괴해 버리는 무서운 원리를 보고 말았다.

내가 투이아비를 처음 만난 것은 그가 유럽 세계에서 멀리 떨어진 사모아의 우폴루 섬에서 평화롭게 살고 있던 무렵이다. 그는 티아베아Tiavea라는 마을에서 가장 신분 높은 추장이었다. 그는 온화하고 친절해 보이는 거구의 사나이였다. 2미터가 넘는 키에 매우 튼튼하고 우람한 체구였는데 겉보기와는 달리 여자처럼 가늘고 부드러운 목소리를 냈다. 짙은 눈썹으로 덮인 크고 검은 눈은 어쩐지 사람을 가까이 하지 않을 것 같은 딱딱한 느낌을 주었다. 그렇지만 사람이 말을 걸어 오면 그 싸늘한 눈은 순식간에 불타올라 마음이 따스해지는 밝은 빛을 발했다.

투이아비는 다른 원주민들과 조금도 다를 바 없이 살고 있었다. 카바 술카바나무로 빚는 민속주을 마시고, 아침과 저녁에는 로토예배에 참례하고, 바나나와 타로 토란과 잼을 먹고, 섬의 풍속과 전통을 따르며 생활하고 있었다. 다만 그의 측근들만은 그의 가슴속에 무엇인가가 끊임없이 끓어오르고 있다는 것을 알고 있었다. 집의 거적에 누워 눈을 반쯤 감고서는 꿈꾸는 듯한 표정을 지으며, 자신만의 해답을 구하고 있다는 사실을.

다른 원주민들이 주위의 환경이나 자기 자신에 대해 별

반 생각하지 않고 어린이처럼 감각과 순간 속에서 살고 있는 것과 비교하면, 투이아비는 어디까지나 예외적인 존재였다. 그는 다른 원주민에 비해 뛰어나게 우수했다. 우리들과 원시적인 민족을 구별하는 정신적인 힘, 즉 의식을 그는 지니고 있었다.

유럽을 체험하고 싶다는 그의 소망도 아마 그런 그의 특이성에서 비롯된 것이었으리라. 이 열망은 그가 마리스텐 선교 학교에 다니고 있을 무렵부터 품고 있던 것이지만, 실현된 것은 성인이 되고 나서였다. 그는 새로운 체험에 대한 기대를 안고 유럽 시찰단의 일원으로 여로에 올랐다. 유럽 여러 나라들을 여행하며, 유럽의 문화와 생활 양식에 관한 정확한 지식을 수집해 왔다. 잘 보이지 않는 부분까지 세세히 알고 있다는 사실에 나는 여러 번 놀랐다. 그에게는 냉철하고 선입견 없는 관찰 능력이 있었다. 그를 현혹할 수 있는 것은 없었다. 어떤 말로도 그 앞에서 진실을 가릴 수 없었다. 그는 사물의 본질을 그대로 꿰뚫어보았다. 자기의 바탕을 떠나지 않은 채로.

나는 1년 넘게 마을 주민으로 그와 아주 가까이에서 생활했지만, 그가 나에게 마음을 터놓은 것은 친구가 되고 나서였다. 친구가 되기 위해서는, 그가 내 안의 유럽적인 것을 남김없이 극복하는 단계를 지나 완전히 망각할 정도가 되어야 했다. 내가 그의 소박한 진리를 이해할 만큼 성숙했고, 그의 말을 비웃지 않을 것이라는(사실 그전에도 나는 그런 짓을 하지 않았다) 확신이 들자, 그는 그제서야 내가 자기 연설의 일부를 들어도 될 만한 사람이라고 여겼다.

그는 나에게 연설을 읽어 주었다. 힘을 담아서 말하지도 않았고, 연설적인 어조로 말하지도 않았다. 마치 먼 역사적 사실을 말하는 것처럼, 그저 담담하게 읽었다. 그런 평탄한 낭독이 오히려 그의 말을 투명하고 명확하게 전하였다. 나는 그의 말들을 꼭 기록해 두어야겠다고 마음먹었다.

한참이 지난 후, 투이아비는 내게 그의 기록을 건네주며 번역을 해도 좋다고 했다. 그는 내가 단지 개인적 참고를 위해서 쓰고자 하는 것으로 생각했고, 번역이 되면 출판도 될 수 있다는 사실까지는 알지 못했다.

원고는 아직 미완성 상태였다. 투이아비는 이 기록이 완결된 형태로 정리되면, 폴리네시아의 많은 섬에서 〈선교 활동〉— 그는 그렇게 불렀다 — 을 해나갈 계획이었다. 하지만 나는 그 이전에 태평양을 떠나오지 않으면 안 되었기에, 그 계획이 실행되는 것을 보지는 못했다.

이 수기를 가능한 한 충실히 번역하리라, 가급적 표현

을 바꾸지 않으리라, 노력했음에도 불구하고, 나는 지금 본래의 정곡을 찌르는 맛, 표현의 이색성이 많이 상실되었다는 것을 깨닫는다. 그렇지만 원시의 언어를 현대의 언어로 바꾸는 작업이 얼마나 어려운지 잘 아는 사람이라면, 그리고 그의 어린아이 같은 표현을 그대로 살리면서도 바보 같은 말이 되지 않도록 번역하기란 사실상 불가능에 가깝다는 사실을 잘 헤아려 주는 사람이라면, 나의 이 번역을 기꺼이 용서해 줄 거라고 생각한다.

투이아비, 문명을 갖지 않은 이 섬사람은 유럽의 모든 문화적 업적을 〈잘못된 것이며 출구가 없는 막다른 골목〉이라고 평가했다. 이 평가가 겸허함과 소박함을 바탕에 두지 않았다면, 더없이 주제넘은 일로 판단되었을 것이다. 그는 백인들의 마력에 사로잡히지 말라고 섬사람들에게 호소하였지만, 그 목소리는 아픔으로 가득 차 있었다. 그의 목소리는 증오가 아닌 인간애에서 비롯한 것이 분명했다.

나와 헤어질 때, 그는 이렇게 말했다.

「당신들은 우리에게 빛을 가져다준다고 믿고 있을지 모르나, 사실은 아니다. 당신들은 우리들을 캄캄한 어둠 속으로 억지로 끌어넣으려 하고 있다.」

그는 생활의 이모저모를 어린아이의 솔직함과 진실된

사랑의 마음으로 바라보며, 그 속에서 모순과 도덕적 균열을 보았고, 그것을 차곡차곡 기억에 갈무리했다. 그것이 그에게는 삶의 교훈이 되었다. 그는 유럽 문화의 가치가 도대체 어디에 있는지 알 수가 없었다. 사람을 사람에게서 갈라 놓고, 거짓되게 만들고, 부자연스럽고 비열하게 만들고 있었기 때문이었다.

그는 문명이 준 것들을 요약하면서, 마치 동물이라도 묘사하듯, 우리의 겉모습에서부터 모든 것을 적절한 이름(유럽식과는 거리가 먼 불경한 방식의)을 붙여 가며 그려 낸다. 그 그림이 비록 불완전할지언정 결코 부정확한 것은 아니어서, 화가를 보고 웃어야 할지 모델을 보고 웃어야 할지 모르겠다. 문명의 실상에 대한 이 어린아이 같은, 편견도 기탄도 없는 접근, 바로 거기에 투이아비의 연설이 우리들 서구의 주민에게 주는 진정한 가치가 있다. 바로 그래서 나는 이 출판이 정당화될 수 있다고 믿는다.

세계대전을 계기로 우리들 유럽인은 인간의 본질에 대한 회의를 갖기에 이르렀다. 지금이야말로 다시 한 번 사물을 점검하고, 우리들의 문명이 과연 우리들을 진정한 이상으로 이끌고 있는 것인지 재고하지 않으면 안 된다. 우리들이 쌓아 온 교양이라는 것을 잠시 잊고, 소박한 사고방식을 가진 이 남쪽 섬사람의 시점에 잠겨 보는 것은 어떨까. 교양의 구속을 받지 않고 모든 것을 원초적으로 보고 느끼는 이 섬사람을 통해, 죽은 우상을 만드느라 참다운 신을 저버린 우리 자신의 모습을 깨닫게 될 것이다.

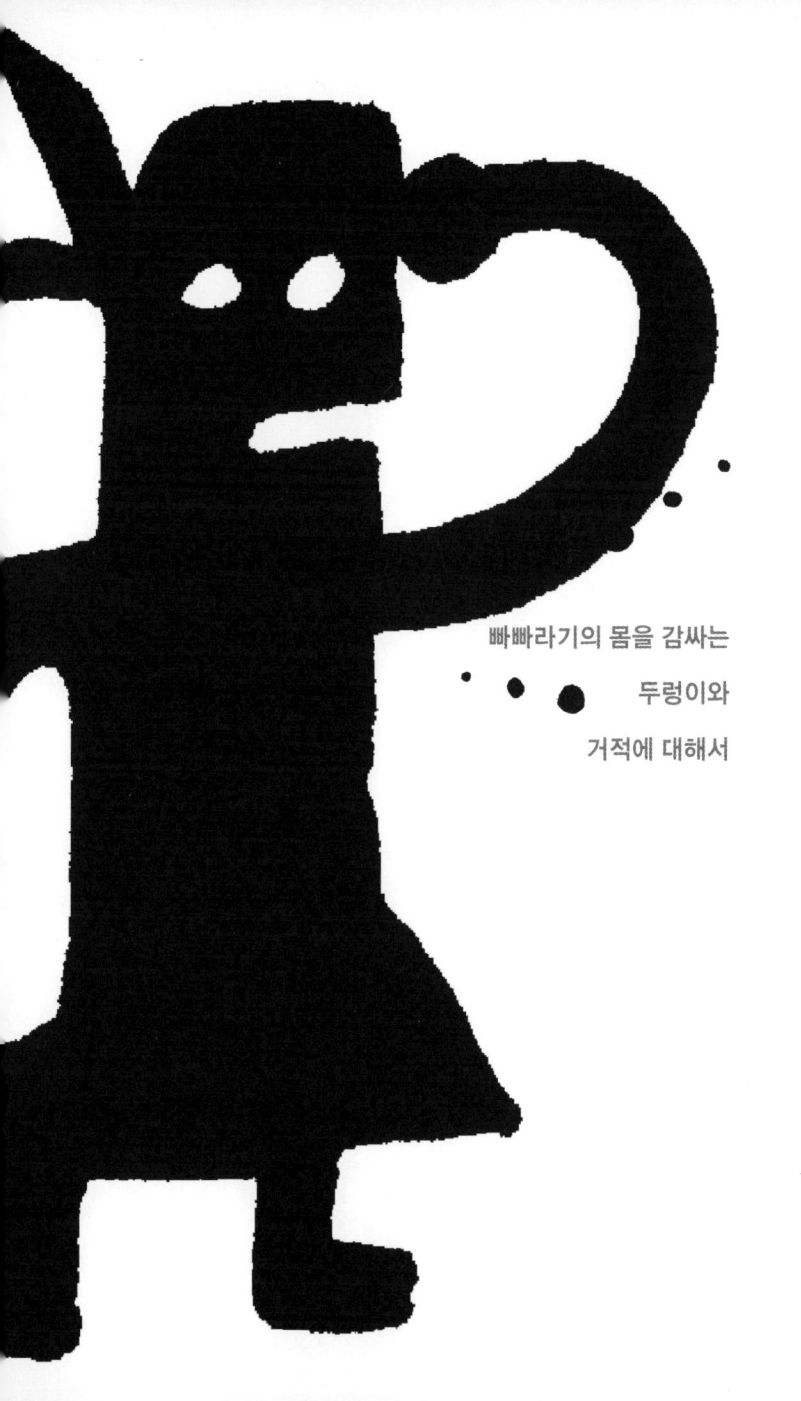

빠빠라기의 몸을 감싸는
두렁이와
거적에 대해서

빠빠라기의 몸을 감싸는

두렁이와

거적에 대해서

빠빠라기[1]는 언제나 몸을 깔끔히 감싸도록 명심하고 있다. 어느 아주 훌륭하고 어진 흰 사람이 나에게 말했다.

「몸은 죄 많은 살덩이다. 목 위에 있는 것만이 진짜 인간이다.」

그 사람의 말은, 그러니까, 오직 머리만이 가치 있다는 것이다. 정신이 깃들이고 생각이 머무는 곳이니까. 거기에 머무는 생각이 좋은 것이든 나쁜 것이든. 그 머리 말고 흰 사람이 완전히 드러내고 있는 건 겨우 양손뿐이다. 하지

---

[1] 남태평양에 있는 사모아의 섬들에 거주하는 원주민의 말로, 유럽인 또는 백인을 나타낸다. 그 뜻은 〈하늘을 찢고 나타난 사람〉이라고 한다.

만 머리와 손만 어떻게 다르단 말인가. 똑같은 살과 뼈가 아닌가. 거기에서는 머리와 손 외에 몸의 다른 부분을 드러내 보이는 사람은 예의범절이 바르지 않은 것이다.

총각은 처녀를 아내로 맞아들이는 순간까지도 자기가 속고 있는지 알 도리가 없다. 그 처녀의 몸을 한 번도 본 적이 없기 때문이다. 나중에 여인이 몸을 보여주게 되더라도 아주 드물게, 그것도 밤중이나 어둠 속에서 보여주는 게 고작이다. 설령 우리 사모아의 타오포우^{마을의 여신, 처녀들의 여왕}처럼 아름다운 처녀라고 하더라도, 몸을 싸매고 절대로 모습을 보여 주지 않으니 아무도 그 아름다움을 즐길 수 없다.

빠빠라기는 곧잘 말한다.

「육체는 죄악이다.」

또 이렇게도 말한다.

「정신은 생각할 수 있는 존재이므로 위대하다.」

그러니까 돌을 던지는, 힘이 넘치고 늠름한 팔은 죄악의 화살이다. 바람을 들이마시고 물결치는 가슴은 죄악이 깃들이는 곳이다. 시바 춤^{사모아의 민속춤}을 추는 아름다운 처녀의 팔다리도 죄 많은 존재다. 뿐만 아니라 아이의 탄생을 위해서 맞닿는 곳, 위대한 대지도 기뻐하시는 그곳도 죄악이다. 요컨대 몸은 전부 죄악이다. 몸의 힘줄 하나 하나에 무서운 독이 스며 있어서, 이 사람에서 저 사람에게로 옮아간다. 그저 몸을 쳐다보기만 해도 독은 보는 사람의 몸속으로 파고들어 가서, 몸을 망가뜨린다. 몸을 보는 사람이나 보여 주는 사람이나 타락한 것은 마찬가지다. 흰 사람들의 율법은 그렇게 알리고 있다.

그러한 까닭에 빠빠라기의 몸은 머리에서부터 발끝까지 두렁이[1]나 거적, 껍질 따위로 단단히 감싸여 있다. 그래서 빠빠라기의 몸은 마치 깊은 원시림에서 자라는 꽃처럼 까칠하고 창백하다.

많은 섬에서 살고 있는 현명한 형제들이여! 나는 이제부터 한 사람 한 사람의 빠빠라기가 얼마나 성가신 것들을 몸에 걸치고 있는가에 대해서 말하고자 한다.

우선, 발가숭이 알몸을 식물의 섬유로 만든 얇고 하얀 껍질로 싸맨다. 이것을 〈윗껍질〉이라고 한다. 윗껍질은 위에서 아래로 던져진다. 머리에서부터 떨어지기 시작하여, 가슴과 팔, 넓적다리에까지 떨어져 내린다. 반대로 밑에서부터 위로, 두 다리와 넓적다리를 지나 배꼽에까지 끌어올려지는 것이 있는데, 그것이 〈아랫껍질〉이다.

이 두 개의 껍질은 다시 세 번째의 두터운 껍질로 단단

---

[1] 허리 등에 둘러 입는 간단한 원주민의 의복을 가리킴.

히 덮인다. 이 두터운 껍질은 털북숭이 네발짐승의 부드러운 털을 뽑아 짠 것이다. 그 짐승은 아예 그런 목적으로 사육되고 있다. 이 세 번째의 껍질이 우리의 두렁이에 해당된다고 할 수 있는데, 그들의 것은 보통 세 부분으로 나누어져 있다. 하나는 윗몸을, 또 하나는 가운뎃몸을, 마지막 것은 넓적다리와 종아리를 감싼다. 이 세 부분은 고무나무 즙을 말려서 만든 끈과 조가비로 단단히 엮이기 때문에 마치 하나의 물건처럼 보인다.[1] 이 껍질은 보통 우기의 연못과 같은 잿빛이다. 물을 들여서는 안 된다. 어쩌다 간혹 가운뎃몸 부분에 물을 들이는 경우도 있지만, 그것도 눈에 띄고 싶어 하는 사람이나 여자 꽁무니를 쫓아다니는 남자들만 그렇게 한다.

　마지막으로, 발은 부드러운 껍질과 딱딱한 껍질로 싸맨다. 부드러운 껍질은 쉽게 늘었다 줄었다 하여 발에 잘 맞지만 딱딱한 껍질은 그렇지 않다. 이 딱딱한 껍질은 억센 짐승의 가죽으로 만들어지는데, 가죽이 딱딱해질 때까지 물에 담갔다가, 날붙이로 깎아 내고 두드려서 햇볕에 쬔다. 그걸로 빠빠라기는 꼭 발이 들어갈 만큼의, 테두리가 높다란 작은 카누를 만든다. 왼발 카누 하나, 오른

---

[1] 고무줄과 단추로 옷을 여민 모양을 설명한 것.

발 카누 하나. 이 발껍질은 끈과 갈고랑이로 양발에 단단히 동여매어지고, 발은 고둥의 몸뚱이처럼 딱딱한 껍데기 안에 갇힌 꼴이 된다. 빠빠라기는 이 발껍질을 해돋이에서부터 해넘이까지 계속 신은 채 말라가여행도 하고 춤도 춘다. 설령 스콜이 지나간 뒤처럼 아무리 후텁지근해도 벗지 않는다.

흰 사람도 알고 있겠지만, 이것은 아무리 생각해도 부자연스러운 일이다. 발은 죽은 시체마냥 불쾌한 냄새를 내뿜고 있다. 거의 모든 유럽인의 발은 이미 물건을 잡을 수도 없고, 야자나무에도 오를 수도 없다. 그러한 까닭에 빠빠라기는 짐승의 가죽을 이용하여 자신의 우둔함을 감추려는 것이다. 빨간색 짐승의 가죽으로 만든 발껍질에 처덕처덕하는 굳기름을 뒤바른 다음, 윤이 나도록 닦아서 참을 수 없을 만큼 눈부시게 만든다. 더 이상 자기 발을 쳐다보지 못하도록 사람들의 눈을 딴 데로 돌리게 만드는 것이다.

한때 유럽에 유명한 빠빠라기가 한 명 있었다. 이 사나이는 자기를 찾아오는 많은 사람들에게 이렇게 알렸다.

「발을 갑갑하고 무거운 가죽으로 휘감아 싸매는 건 좋지 않은 일이다. 아침 이슬이 아직 풀잎에서 반짝일 때, 바깥으로 나가 맨발로 걸어 보자. 그렇게 하면 병 따위는 자기 쪽에서 도망쳐 간다.」

 아주 건강하고 어진 사람이었다. 하지만 세상 사람들은 그를 비웃었고 이윽고 잊어버렸다.

 흰 여자들도 남자들과 마찬가지로 몸통과 넓적다리에 많은 거적과 두렁이를 걸치고 있다. 여러 가지 끈 때문에 여자의 살갗은 흠집투성이에다 멍투성이다. 게다가 물고기 뼈와 철사와 끈으로 만든 아주 단단한 거적이 여자의 목에서 허리까지 드리워져 가슴과 등에서 졸라맨다. 이 거적이 너무 세게 옥죄는 바람에 여자의 유방은 납작하게 눌려지고, 이제 와서는 한 방울의 젖도 나지 않는다. 그래서 대개의 어머니는 아기에게 〈밀크〉라는 것을 준다. 밑이 막혀 있고 위에는 가짜 젖꼭지가 달려 있는 유리통에 그것을 담아 아기에게 먹인다. 〈밀크〉는 어머니의 젖이 아니고 뿔이 나 있는 빨갛고 보기 흉한 짐승에서 짜낸 것이다. 그 짐승의 아랫배에 있는 네 개의 꼭지에서 어거지로 탈취한 것이다.

 그건 그렇고, 여자들의 두렁이는 남자들의 것보다 얇고, 색색이 물도 들여져 있어 멀리서도 눈에 띈다. 게다가 목과 팔뿐만 아니라, 그 밖의 부분도 많이 드러내 보이고 있다. 그럼에도 불구하고 처녀가 몸을 숨기는 것이 좋은 일로 여겨지고 그러한 처녀를 보면 모두가 만족스러운 듯이 〈저 처녀는 순결하다〉고 말한다. 〈순결〉이라는 말은, 잘은 모르지만 〈율법을 잘 지킨다〉라는 뜻인 것 같다. 그러하거늘, 도대체 어째서 포노^(사교 모임, 잔치)에서는 여자들이 목도 등도 드러내도 괜찮은지, 어째서 그것이 수치로 인식되지 않는지 나로서는 전혀 이해할 수가 없었다. 하지만 그 이해되지 않는 점이, 그러니까 평소엔 해서는 안 될 일도 허용된다는 점이 잔치다운 것이라고 말할 수 있겠지.

다만 남자는 언제나 목과 등을 완전히 감추고 있다. 아리이^(신사·남자)는 목에서부터 젖꼭지까지를 흰 방패로 가린다. 크기는 타로 토란[1] 잎사귀 정도 되고, 회반죽을 칠해 빳빳하다. 그 위에는 운두가 높은 헝겊 고리[2]가 목에 감겨 붙듯이 얹혀 있는데, 이것도 마찬가지로 희고, 회반죽을 칠해서 빳빳하다. 이 고리에다가 물을 들인 천 한 가닥을 감고 돛대에 새끼를 묶듯 매듭을 짓는다. 그런 뒤 금색 누름핀이나 유리구슬을 찔러 놓는다. 이 모든 것을 방패 위에 늘어뜨린다. 또 많은 빠빠라기는 손목에도 회반죽 칠을 한 헝겊 고리를 동여맨다. 다만 발목에는 절대로 동여매지 않는다. 이 흰색 방패와 회반죽 칠을 한 헝겊 고

---

1 태평양 여러 섬에서 원주민들이 주식으로 먹는 토란.
2 셔츠의 칼라. 칼라 중에서도 목을 감싸는 하이칼라를 설명하는 것.

리들은 대단히 중요한 것이어서, 이것 없이 빠빠라기는 결코 여자 앞에 나서려 하지 않는다. 특히 곤란해지는 것은 헝겊 고리들이 검게 더러워져 더 이상 반짝이지 않게 될 때다. 그러므로 지위가 높은 많은 아리이는 앞가슴 방패와 헝겊 고리들을 날마다 갈아끼운다.

여자들은 참으로 많은 각양각색의 잔치용 거적과 두렁이를 갖고 있다. 그것을 넣어 두는 큰 상자들이 언제나 가득 차 있을 정도다. 그리고 오늘은 어느 거적을 걸치고 내일은 어느 거적을 걸칠지, 긴 쪽과 짧은 쪽 중 어느 것으로 할지, 거적에 달 장식은 어떤 것이 좋을지, 여러 가지로 머리를 쥐어짜며 열중한다. 이에 비해서 남자는 대개 단 한 벌의 잔치용 거적밖에는 갖고 있지 않으며 그것에 대해서 논의하는 일도 거의 없다.

남자들의 잔치용 거적은 제비옷이라 불리는 새까만 빛깔의 두렁이다. 덤불숲에 사는 앵무새 꼬리와 같은 뾰족한 꽁지가 등에 붙어 있다. 이 제비옷을 입을 때에는 손에도 하얀 껍질을 끼지 않으면 안 된다. 그런데 이 껍질은 손가락 하나하나에 빡빡하게 꼭 끼이기 때문에, 피가 뜨겁게 불타올라 심장으로 되돌아가 버릴 정도다. 그러니까 현명한 남자는 손에는 끼지 않고, 그저 들고 있거나 두렁이의 젖가슴 부위에 찔러 두기도 한다.

남자나 여자나 오두막집을 나서서 길거리에 나갈 때는 두렁이를 하나 더 걸친다. 그것은 날이 개고 흐리고에 따라서 두텁기도 하고 얇기도 하다. 그러고 나서 머리도 감싼다. 남자는 검고 딱딱한 그릇 같은 것에 머리를 집어넣는다. 이것은 마치 사모아의 오두막집들의 지붕처럼 한가운데가 솟아올라 있고 안이 텅 비어 있다. 여자들은 커다란 엮은 바구니나 뒤집힌 소쿠리에, 결코 시들지 않는 꽃, 새털, 두렁이의 자투리, 유리구슬, 그 밖의 갖가지 장식을 붙여 머리에 얹는다. 이것은 전투 춤을 출 때에 타오포우가 머리에 얹는 투이가 머리 장식를 많이 닮았는데, 투이가 쪽이 훨씬 아름답다. 게다가 투이가는 폭풍우가 몰려오더라도, 춤을 추더라도 떨어지지 않아서 훨씬 좋다. 남자들은 누군가를 만나서 인사할 때에는 이 머리 위의 오두막집을 손으로 잡아서 흔든다. 혹은 이 오두막집을 점잖게 잠깐 들어 올렸다가 내리는 것으로 인사를 대신하기도 한다. 여자들은 짐을 가지런히 싣지 않은 배처럼 머리 위의 짐을 앞으로 약간 쏠리게 할 뿐이다.

　빠빠라기가 이들 두렁이를 모두 벗는 것은 밤에 거적 속에 들어갈 때뿐이다. 하지만 이내 또 다른 두렁이를 휘감아 걸친다. 그것은 통짜로 되어 있고, 밑이 트여 발이 그대로 드러난다. 여자들이 밤에 걸치는 두렁이에는 목

부위에 많은 장식이 붙어 있다. 밤이라 어차피 잘 보이지도 않을 텐데.

빠빠라기는 거적 위에 눕자마자 바로 커다란 새의 몸통에서 뽑아낸 깃털 더미를 재빠르게 머리까지 덮어쓴다. 새털이 뿔뿔이 흩어지거나 사방으로 흩날리는 일이 없도록 커다란 자루로 싸놓았다. 이 깃털 더미를 덮고 잠을 자면, 땀을 흘리게 되어 마치 햇볕을 쬐고 있는 것과 같은 기분이 된다. 물론 햇볕 따위가 비추고 있는 건 아니지만. 원래 빠빠라기는 진짜 태양을 그다지 소중히 여기고 있지도 않다.

이것으로 빠빠라기의 살갗이 어째서 우리들처럼 기쁨의 빛깔, 햇볕의 빛깔, 검은 빛깔이 아니고, 허여멀겋고 핼쑥한가를 분명히 알게 되었다. 하지만 빠빠라기는 그것을 좋아하고 있다. 정말이다. 여자들, 특히 처녀들은 살갗을 보호하는 일에 기를 쓰고 있다. 그녀들은 위대한 햇볕을 통해 살갗을 빨갛게 하는 일은 절대로 하지 않는다. 태양이 비치는 시각에 걸을 때에는 머리 위에 커다란 지붕을 얹어서 힘써 햇볕을 막는다. 마치 창백한 달빛이 햇볕보다도 귀중하다는 듯이.

빠빠라기는 자신들의 믿음에 따라 상식을 만들어 내고, 그 상식에 맞춰 법을 정하기를 좋아한다. 자기들의 코가 상어 이빨 모양으로 뾰족하니까 뾰족한 코가 아름답다고 말하고, 어디까지나 둥글고 절대로 어디에 걸릴 일 없는 우리 코를 꼴이 흉하다고, 아름답지 않다고 말한다. 하지만 우리들은 이와는 정반대의 말을 한다.

그건 그렇다 치고, 여자들의 몸이 너무나 철저하게 숨겨져 있기 때문에 남자 어른이나 애들은 한 번만이라도 좋으니 그것을 보고 싶다는 강한 소원을 갖고 있다. 이것은 지극히 자연스러운 일이다. 남자들은 밤낮을 가리지 않고 이 일에 대해 고민을 하고, 여자들의 몸매에 대해 서로 이야기를 주고받는다. 그런데 자연스럽고 아름다워야 할 이 의논이 마치 큰 죄악이라도 되는 것처럼 어두운 그늘 속에서밖에는 허용되지 않는다. 만약에 여자들이 더 자유롭게 몸을 보여 준다면, 그들이 처녀를 만났을 때 그것 말고 다른 생각도 하게 될 것이고, 눈을 찌그러뜨리며 눈동자를 굴리지도 않을 것이며, 입으로 음탕한 말을 하는 일도 없을 것이다.

어쨌거나, 몸이 죄악이요 아이투^{악령·악마}의 선물이라니, 이보다 더 어리석은 생각이 있겠는가. 나의 형제들이여. 만약에 흰 사람이 말하는 것을 따른다면, 우리들의 몸은 안에서 솟구치는 세찬 뜨거움도 없이, 식은 용암처럼 딱딱하고 싸늘한 것이 될 것이다. 그러니 우리는 기뻐해야 한다. 우리들의 몸이 태양과 더불어 말을 나누고, 두렁이로 옥죄이지 않아도 된다는 것을. 우리들의 발이 발껍질로 괴롭힘을 당하지 않고 야생마처럼 뛰고 달릴 수 있다는 것을. 머리의 덮개가 떨어질까봐 조바심하지 않아도 된다는 사실을. 그리고 기뻐하자. 젊고 아리따운 처녀들이 햇빛, 달빛 아래 마음껏 팔다리를 보여 주고 있음을. 창피당하지 않겠다며 자신을 저렇게나 꽁꽁 싸매는 저흰 사람들은 진정한 기쁨이라고는 알지도 못하는 어리석은 눈먼 자들이다.

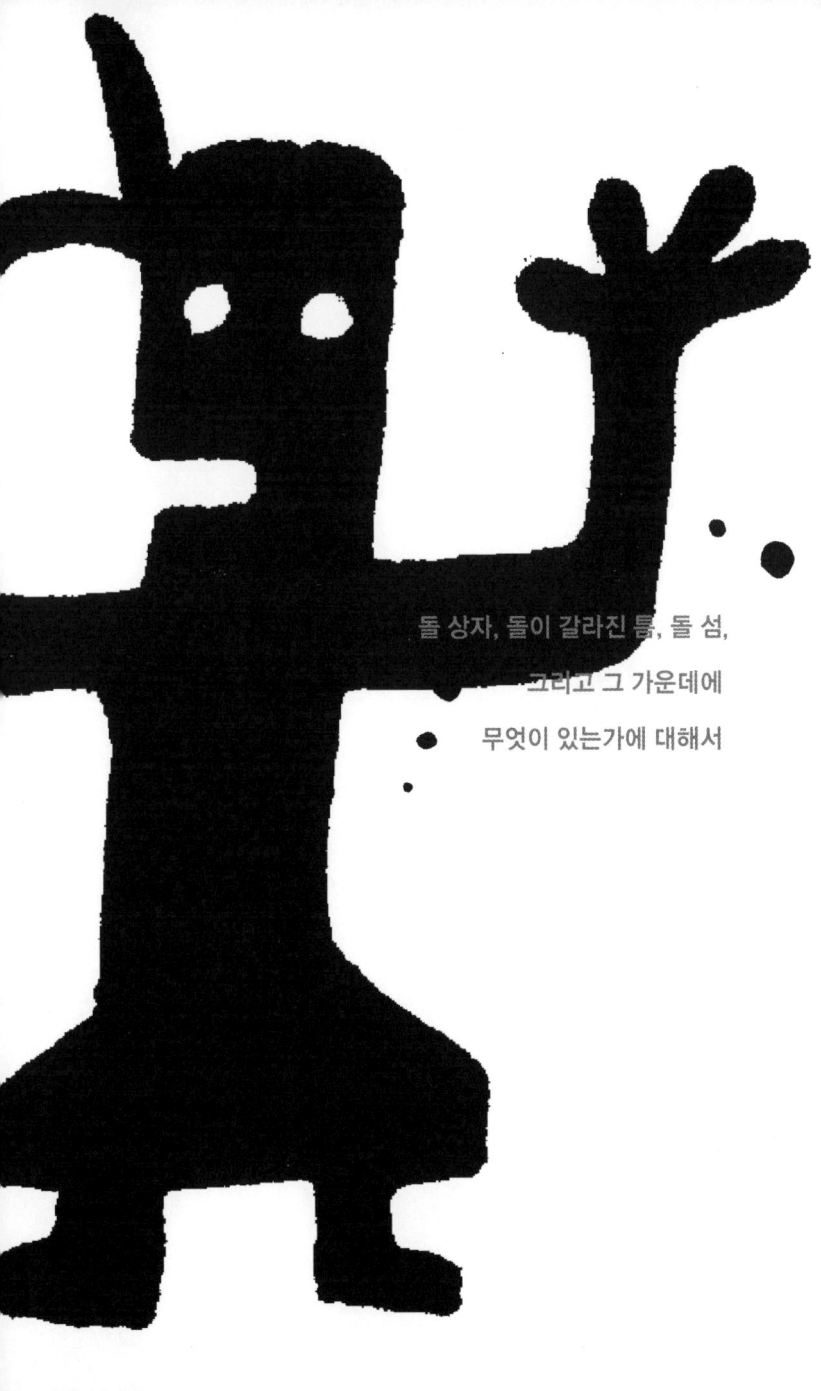

돌 상자, 돌이 갈라진 틈, 돌 섬,
그리고 그 가운데에
무엇이 있는가에 대해서

돌 상자, 돌이 갈라진 틈, 돌 섬,

그리고 그 가운데에

무엇이 있는가에 대해서

빠빠라기는 고둥처럼 딱딱한 껍데기 속에 산다. 용암이 갈라진 틈에 사는 지네처럼, 그들은 돌과 돌 사이에 산다. 머리 위도, 발밑도, 몸 주위도 온통 돌투성이다. 빠빠라기의 오두막은 네모난 상자 꼴이고, 돌로 만들어져 있다. 이 돌 상자에는 많은 서랍이 달려 있고, 여기 저기 구멍이 뻥뻥 뚫려 있다.

이 돌 상자 속으로 들어가거나 나올 수 있는 곳은 딱 한 군데뿐이다. 빠빠라기는 이곳을 두고 나갈 때는 〈출구〉, 들어갈 때는 〈입구〉라고 부른다. 두 가지 이름이 붙어 있지만, 둘은 완전히 똑같은 것이다. 여기에는 나무로 만든 커다란 날개가 달려 있는데, 오두막으로 들어갈 때이 날개를 힘껏 밀지 않으면 안 된다. 하나를 밀어서 열었다고 해도 그것은 시작일 뿐, 진짜 오두막집에 들어가기 위해선 아직도 많은 날개를 밀어서 열어야 한다.

대개의 오두막에는 사모아의 마을 하나에 사는 만큼의 많은 인간이 살고 있다. 그러니까 방문하고자 하는 아이가족의 이름을 정확히 기억하지 않으면 안 된다. 왜냐하면 아이가들은 각각 돌 상자의 어느 특정한 곳을 차지하고 있기 때문이다. 꼭대기거나 아래거나 한가운데거나. 왼쪽이거나 오른쪽이거나 정면이거나.

아이가는 돌 벽 하나를 사이에 두고 바로 이웃에 살고 있는데도 불구하고 이웃집 일에 대해 전혀 모른다. 정말 아무것도 알지 못한다. 마치 집과 집 사이에 마노노 섬과 아폴리마 섬과 사바이 섬, 그리고 넓고 넓은 바다가 가로놓여 있기라도 한 것처럼. 그들 대부분은 서로 이름도 알지 못하며, 입구에서 만나는 일이 있어도 마지못해 가볍게 인사를 하거나, 적의를 품고 있는 곤충들이 서로 맞부딪혔을 때처럼 낮게 으르렁거리는 소리를 주고받을 뿐이다. 함께 살아야만 한다는 사실에 어지간히 화가 나는 모양이다.

만약 아이가가 지붕 바로 밑의 꼭대기 층에 살고 있다면, 그만큼 많은 가지를 밟고 올라가야 한다. 이 가지는 왔다 갔다 모양으로 쌓여 있기도 하고, 뱅글뱅글 회오리 모양으로 쌓여 있기도 하다. 그것을 밟아 올라가면서 이제부터 방문하고자 하는 아이가의 이름이 벽에 씌어 있는 곳까지 찾아간다. 그러면 거기에 여자 젖꼭지처럼 생긴 예쁘장한 것이 있다. 그것이 외치는 소리를 낼 때까지 누르면 아이가가 그 소리를 듣고 입구로 온다. 입구에 뚫려 있는 작고 둥근 구멍으로 적이 찾아왔는지 친구가 찾아왔는지 엿본다. 적이라면 열지 않는다. 친구라면 곧 튼튼한 쇠사슬로 채웠던 커다란 나무 날개를 방긋이 열고 손님을 이제 진짜 오두막집 안으로 안내한다.

 이 오두막집은 또 다시 많은 돌 벽으로 칸막이가 되어 있다. 나무로 된 날개를 몇 개씩이나 빠져 지나가서 이 상자에서 저 상자로 옮겨 들어가는데, 그럴 때마다 상자는 점점 작아진다. 각각의 상자, 이것을 빠빠라기는 〈방〉이라고 부른다. 거기엔 구멍이 하나, 상자가 큰 경우엔 둘 이상의 구멍이 뚫려 있어서 환한 빛이 안으로 들어오게 되어 있다. 이 구멍은 유리로 막혀 있는데, 만약에 신선한 바람을 상자 안으로 들이고자 할 때엔—그건 정말로 필요하다—이 유리를 떼어 버린다. 하지만 환한 빛과 바람이 들어오는 구멍이 아예 없는 상자도 많다. 사모아의 오두막집에 부는 것과 같은 싱그러운 바람은 어디에서도

들어오지 않는다. 사모아의 형제가 이런 상자 속에 있다가는 금방 질식해 버리고 말 것이다. 게다가 음식 만드는 구석에서 풍기는 냄새도 빠져 나갈 구멍을 찾고 있다. 그렇다고 밖에서 들어오는 바람이 훨씬 좋은가 하면 뭐 그렇지도 않다. 그러니까 이상해서 견딜 수 없는 것은, 어떻게 사람들이 이 상자 안에서 죽어 버리지 않고 살아갈 수 있는가이다. 어째서 새가 되기를 열망하지 않는 것일까. 우리 같으면, 날개가 돋아나 바람과 태양이 있는 곳으로 날아오르기를 간절히 바랄 텐데. 빠빠라기는 자신들의 돌 상자를 사랑하며, 그것이 해롭다는 생각은 감히 하지 못한다.

상자 하나하나에는 저마다 다른 쓰임새가 있다. 가장 크고 밝은 상자는 가족의 포노^{사교 모임, 잔치}와 손님을 맞이하기 위한 곳. 또 다른 상자는 잠자기 위한 곳. 이곳엔 긴 다리가 달린 나무판자가 있고, 그 위에 거적이 얹혀 있다. 바람이 거적 밑을 지나갈 수 있도록 되어 있다. 세 번째 상자는 식사를 하고 담배 연기를 내뿜는 곳. 네 번째 상자는 식품을 두는 곳. 다섯 번째 상자에서 요리가 만들어지고, 마지막 가장 작은 상자에서 목욕을 한다. 여기가 가장 멋있는 곳이다. 커다란 거울이 걸려 있고, 바닥은 각양각색의 돌로 장식되어 있다. 한가운데에는 쇠붙이나 매

끈한 돌로 만든 큰 사발이 있고, 그 속에 양달의 물과 응달의 물이 흐르고 있다. 이 사발은 정말 크다. 대추장의 무덤보다도 크다. 이 사발 속에 들어가서 몸을 깨끗이 하고, 돌 상자 생활의 모래를 씻어 낸다. 물론 이보다 더욱 많은 상자가 있는 오두막도 있다. 아이들과 하인들뿐만 아니라, 개나 말까지도 자기의 상자를 따로 갖고 있을 정도로 큰 오두막도 있다.

이들 많은 상자들을 오가며 빠빠라기는 부질없이 하루하루를 보낸다. 이 상자에 있었는가 하면 이번엔 저 상자로, 하루의 때에 따라 왔다 갔다 한다. 아이들도 여기, 돌이 갈라진 틈에서 자란다. 땅에서 높이 솟아 있는, 자랄 대로 자란 야자나무의 가지 끝만큼이나 높은 이 곳에서. 때때로 빠빠라기는 생활하는 상자를 떠나, 일을 하는 상자로 들어간다. 이곳에서는 아무도 방해를 해서는 안 되며, 아내도 자식도 들어가서는 안 된다. 그동안 딸과 아내는 요리하는 곳에서 식사를 마련하기도 하고, 발껍질에 광을 내기도 하고, 거적과 두렁이를 빨기도 한다. 부자 빠빠라기라면 이런 일은 하인의 몫이 된다. 그러면 딸과 아내는 남의 집을 방문하기도 하고, 새로운 음식 재료를 구하러 다니기도 한다.

이런 식으로 유럽에는 사모아에 자라는 야자나무의 수

만큼이나, 아니 훨씬 더 많은 빠빠라기가 살고 있다. 숲이랑 태양이랑 햇살에 강한 동경을 느끼는 사람이 없지는 않지만, 그러한 사람들은 보통 병에 걸렸다, 빨리 고치지 않으면 안 된다는 말을 듣곤 한다. 이 돌 틈바구니 생활에 불만을 말하는 사람은 여러 사람으로부터 〈자연을 배반하는 자〉라고 비난을 받게 될 것이다. 세상의 많은 사람들로부터 〈저 사람은 하느님이 인간에게 정해 주신 율법을 분별하지 못한다〉는 말을 반드시 듣게 된다.

돌 상자들이 너무 다닥다닥 붙어 있어서, 그 사이에 나무 하나, 덤불 하나 없는 경우도 있다. 어깨를 나란히 하고 줄 서 있는 인간들처럼 돌 상자들이 죽 늘어서 있고, 각각의 돌 상자에는 사모아의 한 마을에 사는 사람 수만큼 많은 빠빠라기가 살고 있다. 그리고 줄지어 선 돌 상자들의 맞은편에는, 엎어지면 코 닿을 만한 거리에, 마찬가지로 어깨를 나란히 하여 다닥다닥 줄지어 서 있는 돌 상자들이 있다. 이곳에도 사람이 살고 있다. 이 두 줄 사이에 좁은 갈라진 틈이 있는데, 빠빠라기는 이것을 〈도로〉라고 부른다. 이 갈라진 틈은 보통 강만큼이나 길고, 딱딱한 돌로 덧씌워져 있다. 넓은 장소로 가려면 이 틈을 따라 오랫동안 걸어야 한다. 넓은 장소는 또 다른 갈라진 틈들과 연결된다. 이 갈라진 틈들도 또 커다란 강만큼이나 길고, 각각의 처음과 끝에는 마찬가지로 그만큼 긴 또 다른 갈라진 틈들이 연결되어 있다. 그러니까 숲이나 커다란 푸른 하늘을 찾아내기 위해서는 갈라진 틈 속을 온종일 걷지 않으면 안 된다.

이 갈라진 틈 사이에서는 좀처럼 진짜 하늘 빛깔을 볼 수가 없다. 왜냐하면 어느 오두막에나 적어도 하나, 대개는 몇 개의 화로가 있어서 언제나 연기를 내뿜고 있기 때문이다. 마치 불을 내뿜는 사바이의 큰 화산처럼. 갈라진 틈으로 계속해서 재가 내려, 높은 돌 상자는 맹그로브가 우거진 늪의 진흙처럼 보이고, 사람들의 눈에도 머리에도 시커먼 먼지가 쌓이고, 이빨 사이에는 딱딱한 모래가 가득차 버린다.

그러나 빠빠라기는 전혀 아랑곳하지 않고 아침부터 저녁까지 이 갈라진 틈 속을 분주히 돌아다닌다. 그들 중에는 오히려 그것이 즐거워서 못 견디겠다는 자들도 많다. 어떤 갈라진 틈들에는 사람이 특히 북적대는데, 무거운 진흙이 밀려오듯 사람들이 몰려온다. 이 〈길거리〉에는 말할 수 없이 큰 유리 상자가 줄지어 있다. 그것들 속에는 빠빠라기의 생활에 필요한 온갖 물건이 죽 늘어놓여 있다. 두렁이, 머리 장식, 손껍질, 발껍질, 맛있는 요리의 재료, 고기, 열매와 푸성귀 등의 진짜 먹을거리, 그 밖의 많은 것들. 이러한 물건들이 공공연히 늘어놓여 있어서 사람들의 기분을 돋운다. 하지만 아무리 갖고 싶다고 해도 함부로 집어서는 안 된다. 갖고 싶으면 먼저 허락을 받고 제물祭物을 넘겨주지 않으면 안 된다.

이 갈라진 틈에는 사방에서 많은 위험이 닥쳐온다. 사람들이 뒤범벅되어서 뛰어다니고 있을 뿐만 아니라, 쇠붙이로 된 수레를 타고 휘익 지나가기도 하고, 말을 타고 이리저리 왔다 갔다 휘젓고 다니기도 한다. 그중에는 쇠 띠 위를 달리는 커다란 유리 상자에 실려 가는 사람도 있다. 그 소동이 이만 저만이 아니다. 말은 말굽으로 길의 돌을 때리고, 사람들도 딱딱한 발껍질로 그 위를 치니 귀가 먹을 지경이다. 기쁨과 놀라움에 겨워 아이들이 소리치고 어른들이 부르짖는다. 모두가 소리친다. 소리치지 않으면 말이 통하지 않는다. 여기도 술렁 저기도 술렁, 와자지껄, 소리가 울려 퍼지고, 떠들썩하다. 마치 폭풍우가 가장 심한 어느 날, 파도가 부딪쳐 부서지는 사바이의 절벽에 서 있는 것처럼 얼이 빠질 지경이다. 그렇지만 사바이의 폭풍 쪽이 차라리 낫다 하겠다. 돌이 갈라진 틈의 폭풍우처럼 네 혼을 앗아가지는 않을 테니까.

이제까지 말한 것 전부, 많은 사람이 사는 돌로 만든 상자, 무수한 강처럼 여기저기로 통하는 높은 돌이 갈라진 틈, 그 가운데의 사람 무리, 시끄러운 소음과 대소동, 모든 것에 내리쏟아지는 검은 모래와 연기, 한 그루의 나무도 없고 하늘의 푸른빛도 없고 맑은 바람도 없고 구름도 없는 곳, 이것을 빠빠라기는 〈도시〉라 부르며, 자신들이 그것을 창조한 것을 자랑으로 여긴다. 거기엔 한 그루의 나무도, 숲도, 광대한 푸른 하늘도 본 적 없고, 아직 한 번도 위대한 마음과 대면한 적도 없는 인간들만 살고 있는데도 말이다. 갯가 웅덩이 바닥을 기어다니며 산호 아래 집을 짓고 사는 벌레 같은 인간들. 산호 아래라면 그래도 깨끗한 물이 씻어나 주고 따뜻한 태양의 숨결이 닿기나 하지. 빠빠라기는 그들이 이고 있는 돌산이 정말 자랑스러울까. 나로서는 알 수가 없다. 빠빠라기는 뭔가 특별한 마음을 가진 인간인 것 같다. 별다른 의미도 없는 짓을 많이 한다. 무의미할 뿐만 아니라 그로 인하여 자기 자신이 병에 걸리게 되는 짓을. 그럼에도 불구하고 그것을 찬양하고 노래로 만들어 부른다.

  이러한 것이 도시라고 나는 말했다. 많은 도시가 있다. 큰 것도 있고, 작은 것도 있다. 가장 큰 도시에는 그 나라에서 가장 신분이 높은 추장이 살고 있다. 큰 바다 가운데에 있는 우리들의 섬처럼 도시들은 여기저기 흩어져 있다. 어떤 때는 정말 미역 감으러 갈 정도밖에 안 되는 가까운 거리에, 어떤 때는 가는 데에 온종일 걸릴 정도로 떨어진 곳에. 이들 모든 돌섬은 부호가 표시된 길들로 연결되어 있다. 하지만 가늘고 길쭉한 지렁이 같이 생긴 〈뭍의 배〉로 갈 수도 있다. 이 뭍의 배는 끊임없이 연기를 내뿜으면서, 기다란 쇠 띠 위를 매우 빠른 속도로 미끄러지듯이 달린다. 열두 사람이 있는 힘껏 노를 젓는 배보다 더 빠르다. 그러나 만약에 다른 돌섬에 사는 친구에게 타로파_{〈사랑합니다〉라는 뜻의 인사말}를 말하고자 하는 정도라면 일부러 갈 것까지는 없다. 돌섬에서 돌섬으로, 덩굴처럼 뻗어 있는 쇠줄 끝에 달린 바나나 같은 돌기에다가 말소리를 불어넣으면 된다. 그러면 너의 말은 쇠줄을 타고 새보다도 빨리 지정된 장소에 도착할 것이다.

 이들 모든 돌섬과 돌섬 사이에 원래의 〈유럽〉이라고 할 토지가 있다. 이곳은 아직 약간은 아름답고 풍요하다. 우리들의 토지와 마찬가지로 나무들과 숲과 시내가 있고, 작은 진짜 마을도 있다. 그 마을의 오두막집들도 돌로 만들어진 건 마찬가지지만, 그래도 열매가 달린 나무들로 에워싸여 있다. 비가 오두막집의 이곳저곳을 씻어 줄 수 있고, 바람이 다시 말려 줄 수 있다.

 이들 마을에는 〈도시〉의 인간과는 다른 마음을 지닌 사람들이 살고 있다. 이 사람들은 〈시골뜨기〉라고 불린다. 도시의 인간보다 먹을거리도 많이 가지고 있을 터인데도, 손은 까칠까칠하고, 더러운 두렁이를 몸에 걸치고 있다. 그들의 생활은 갈라진 틈의 인간들보다 훨씬 건강하고 아름답다. 그런데도 그들은 자신들이 건강하고 아름답다는 사실을 믿으려 하지 않는다. 그들이 〈게으름뱅이〉라고 부르고 있는, 대지에 손대는 일도 없고, 열매 나무를 심어서 거두는 일도 없는 도시 인간들의 처지를 부러워하고 있다. 그들은 도시의 인간에게 적의를 품고 살고 있다. 왜냐하면 자신들의 밭에서 기른 먹을거리를 도시 인간들에게 넘겨줘야 하며, 열매도 따서 주어야만 하기 때문이다. 집짐승을 보살피고 키워서, 살이 찌면 그 절반을 갈라진 돌틈의 인간에게 넘겨주지 않으면 안 된다. 어쨌든 그들은 갈라진 돌틈에 사는 인간들의 식사를 대주기 위해서 많은 노력을 들인다. 그러면서도 그들은 잘 알지를 못한다. 어째서 갈라진 돌틈의 인간이 그들보다 아름다운 두렁이를 걸치고, 그들보다 더 아름답고 하얀 손을 지니고 있는지. 그들은 어째서 자기들처럼 더운 날에 땀 흘리며 일하지 않아도 되며, 비를 맞으며 추워하지 않아도 되는지.

하지만 갈라진 돌틈에 사는 인간은, 이러한 일들에 대해 거의 마음을 쓰지 않는다. 그들은 자기들 쪽이 시골뜨기보다 큰 권리를 갖고 있으며, 자기들이 만든 물건이 대지에 심어서 거둔 것들보다 훨씬 값어치가 있다고 확신하고 있다. 그렇다고 이 다툼이 전쟁으로까지 번질 성질의 것은 못 된다. 갈라진 돌틈에서 살든, 시골에서 살든, 빠빠라기들은 대체로 있는 그대로 모든 일에 만족하는 것 같다. 갈라진 돌틈을 찾은 시골뜨기들은 갈라진 돌틈의 왕국에 경탄하고, 갈라진 돌틈의 인간들은 시골뜨기의 마을을 지나며 큰 소리로 노래 부르기도 한다. 갈라진 돌틈의 인간은 시골뜨기가 돼지들을 살찌우든 말든 내버려 두고, 시골뜨기는 갈라진 돌틈의 인간이 돌 상자를 짓고, 돌 상자를 사랑하든 말든 신경 쓰지 않는다.

하지만 우리들, 태양의 자유로운 아들인 우리들은 위대한 마음에 언제까지나 충실하고, 돌로 우리의 마음을 괴롭히는 따위의 짓은 하지 않으리라. 이미 하느님의 손을 놓친 채 마음의 갈피를 잡지 못하는 병에 걸린 사람들만이 햇빛도 없고 바람도 없는 돌이 갈라진 틈에서 행복해질 수 있는 것이다. 그런 불확실한 행복이나마 빠빠라기는 그것을 바란다니 그리하라고 하자. 하지만 양지바른 우리들의 해안에 돌 상자를 세워서, 자기들이 바라는 꿍꿍이대로, 돌로, 갈라진 틈으로, 쓰레기와 먼지로, 시끄러운 소음으로, 연기로, 모래로 사람다운 기쁨을 없애 버리려는 저 빠빠라기의 온갖 수작은 때려 부수지 않으면 안 된다.

둥근 쇠붙이와 묵직한 종이에 대해서

둥근 쇠붙이와 묵직한 종이에 대해서

현명한 형제들이여, 신앙심을 가지고 귀를 기울여라. 너희들은 흰 사람이 갖고 있는 악의를 갖지 않고, 흰 사람이 두려워하는 일을 두려워하지 않는 것을 행복하게 생각해야 한다. 너희들도 저 선교사의 말을 똑똑히 기억하고 있겠지.

「하느님은 사랑이다. 한 사람의 진정한 그리스도(구세주)는 사랑 그 자체이며, 언제나 선善을 행하신다. 그러하기에 흰 사람은 오직 위대하신 하느님만을 숭배한다.」

그 선교사는 우리들에게 거짓말을 했다. 우리들을 속였다. **빠빠라기**들이 선교사를 매수하여, 위대한 마음의 말씀을 빌려서 우리들을 홀렸던 것이다. 둥근 쇠붙이와 묵직한 종이, 그들이 〈돈〉이라고 부르는 그것이야말로 흰 사람들의 진짜 하느님이다.

사랑의 신에 대해서 유럽인에게 말해 보라. 얼굴을 찡그리며 쓴웃음을 지을 뿐이다. 사고방식이 유치하다고 말하며 웃을 것이다. 그런데 반짝반짝 광이 나는 둥근 모양의 쇠붙이나, 크고 묵직한 종이를 건네 보라. 그 순간 눈은 빛나고 입술은 흘러넘치는 군침으로 반짝거릴 것이다. 돈이야말로 그들의 사랑이며, 돈이야말로 그들의 하느님이다. 그들 흰 사람은 잠자고 있는 동안에도 모두 돈 생각만 한다. 손이 오그라져 붉은 큰개미의 발처럼 된 사람들이 많다. 바로 그 쇠붙이와 종이를 잡으려고 끊임없이 손을 내밀고 좇아 다닌 탓이다. 눈이 보이지 않게 된 사람도 많다. 끊임없이 돈을 헤아리기만 한 탓이다. 돈 때문에 기쁨을 버린 사람도 많다. 웃음도, 명예도, 양심도, 행복도, 심지어 아내와 자식마저 돈 때문에 저버린 사람도 많다. 거의 모든 사람이 그것 때문에 자신의 건강마저도 내팽개치고 있다. 둥근 쇠붙이와 묵직한 종이 때문에. 그들은 작게 접은 딱딱한 가죽 사이에 돈을 끼우고 두렁이 속에 넣어서 갖고 다닌다. 밤엔 누가 몰래 훔쳐 갈까봐 베개 밑에 두고 잔다. 날마다 때마다 모든 순간에 돈 생각뿐이다. 그들 모두가! 온통! 아이들조차도! 아이들조차도 돈에 대해 생각하지 않으면 안 된다. 생각해야 하는 의무를 갖는다. 어머니가 그렇게 가르치고, 아버지가 그렇게 가르친다. 모든 빠빠라기가!

시아마니스독일의 돌이 갈라진 틈에 가노라면, 끊임없이 하나의 외침소리가 들려온다. 여기서 〈마르크!〉 그리고 또 저기서 그 외침소리 〈마르크!〉 어디에서나 이 외침 소리를 듣게 된다. 반짝반짝 광이 나는 쇠붙이와 묵직한 종이의 이름이다. 프란시아프랑스에서는 프랑, 페레타니아영국에서는 실링, 이탈리아에서는 리라. 마르크도 프랑도 실링도 리라도 모두가 똑같은 것. 요컨대 모두가 돈, 돈, 돈. 돈만이 빠빠라기의 진짜 하느님이다. 그렇다. 지극히 높은 것으로 우러러 받드는 하느님이 돈이란 말이다.

너희들 중의 누군가가 흰 사람의 나라에서 살려고 하여도 돈 없이는 살아갈 수가 없다. 해돋이에서부터 해넘이까지 단 하루도. 돈이 없으면 도저히. 돈이 없으면 주린 배를 채울 수도, 마른 목을 축일 수도 없다. 밤이 되어도 잠자리의 거적조차 없다. 돈을 갖고 있지 않다는 것만으로 너는 파레 푸이푸이감옥에 갇히게 되고 종이 무더기신문에 이름이 나게 된다. 걷고 있는 땅바닥에 대해서, 너의 오두막집이 세워져 있는 땅뙈기에 대해서, 밤에 덮고 자는 거적에 대해서, 오두막집을 밝히는 불빛에 대해서 너

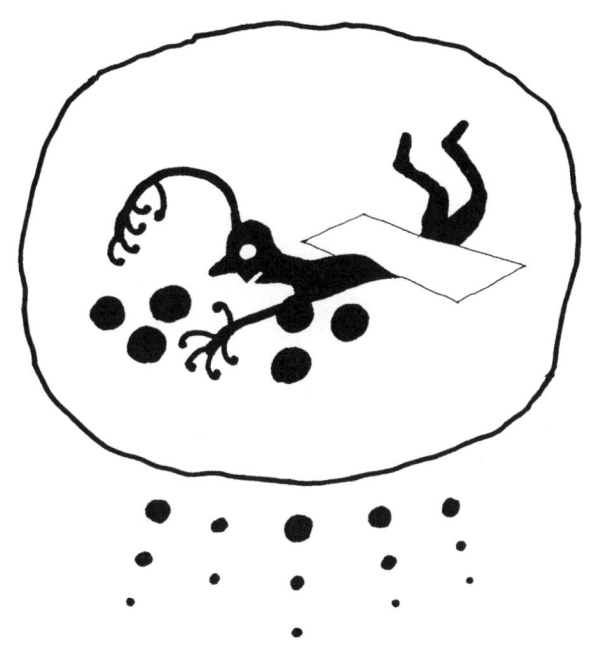

는 지불해야 한다. 돈을 건네지 않으면 안 된다. 비둘기 한 마리를 쏘아 맞히는 데에도, 하천에서 몸을 씻는 데에도, 노래 부르고 춤추는 즐거움이 있는 장소에 가고자 하여도, 다른 형제들에게 조언을 얻고자 하여도, 너는 많은 둥근 쇠붙이나 묵직한 종이를 건네지 않으면 안 된다. 사사건건 돈을 지불해야만 한다. 곳곳에서 너의 형제가 손을 내민다. 그 손 안에 아무것도 넣어 주지 않으면, 너를 바보 취급 하거나 화를 낸다. 아무리 공손하게 굴며 웃어 보여도, 별나게 다정한 눈짓을 해보여도, 그의 마음을 누그러뜨리는 데에는 아무런 효과도 없다. 그는 입을 크게 벌리고 호통을 친다.

「비렁뱅이! 부랑자! 게으름뱅이!」

어느 것이나 다 똑같은 뜻이다. 사람에게 욕을 퍼붓는 데에 이 이상의 말은 없다. 지독한 모욕이다.

너는 태어날 때에도 돈을 치러야 했으며, 네가 죽을 때에도 단지 죽었다는 사실 하나만으로 너의 아이가(가족)는 돈을 치러야 한다. 몸뚱이를 대지에 묻는 데에도, 추억을 위해서 네 무덤 위에 큰 돌을 굴려다 놓는 데에도 돈이 든다.

나는 오직 하나, 유럽에서도 돈을 주지 않아도 되는, 누구나 좋아하는 만큼 할 수 있는 것을 발견했다. 그것은 바로 공기를 들이마시는 것이다. 그렇지만 이것도 실제로는 돈 받는 것을 깜빡 잊고 있어서 그럴 뿐이라는 생각이 든다. 내가 이런 말을 하고 있는 것을 유럽인이 듣기라도 한다면, 숨을 쉬는 데에도 곧 둥근 쇠붙이와 묵직한 종이가 필요하게 될 것이다. 왜냐하면 모든 유럽인은 온종일 새로 돈을 뺏을 구실이 없나 하고 눈에 불을 켜고 있기 때문이다.

유럽에서 돈이 없는 것은 곧 머리가 없는 것과 마찬가지다. 손발이 없는 것과 마찬가지요, 아무것도 없는 것과 마찬가지다. 너는 돈을 지니지 않으면 안 된다. 돈은 먹는 일과 마시는 일과 잠자는 일과 마찬가지로 소중하다. 돈을 많이 가지고 있으면 그만큼 너는 좋은 생활을 할 수가 있다. 돈이 있으면 담배도, 팔찌도, 예쁜 두렁이도 손에 넣을 수 있다. 돈이 있으면 있을수록 많은 담배와 반지와 두렁이를 손에 넣게 된다. 돈이 있으면 있을수록 더 많이 수중에 넣을 수가 있다. 누구나 더 많은 물건을 갖고 싶어 한다. 누구나 더 많은 돈을 갖고 싶어 한다. 다른 사람보다도 더 많은 돈을 갖고 싶어 한다. 그러니까 돈을 애타게 그리워하고, 언제나 눈을 돈에 집중시키고 있다. 둥근 쇠붙이 하나를 모래 위에 던져 보라. 아이들이 그 위로 엎어지듯 달려들어 데굴데굴 구르고, 싸움이 벌어진다.

용케 잡은 아이는 행운의 승리자다. 하지만 돈을 모래 위에 던지는 사람은 좀처럼 없다.

돈은 어디에서 오는 것일까. 어떻게 하면 많은 돈을 얻을 수 있을까. 쉬운 것부터 어려운 것까지, 여러 가지 방법이 있다. 다른 형제의 머리털을 잘라 준다든가, 오두막집 앞의 쓰레기를 치워 준다든가, 바다에서 카누를 젓는다든가, 좋은 계획을 찾아낸다든가. 물론 공평하게 하기 위해서 이 사실만은 분명히 말해 둘 필요가 있다. 무엇을 하려고 해도 묵직한 종이와 둥근 쇠붙이를 내야 하지만, 한편 그것들을 얻는 것도 어렵지는 않다. 뭔가를 하면 된다. 그것을 빠빠라기는 〈노동〉이라고 말한다.

「일하라. 그러면 돈을 얻는다.」

이것이 빠빠라기에겐 하나의 율법이다.

하지만 이 율법에는 커다란 불공평이 있다. 그 사실에 대해서 빠빠라기는 충분히 생각하지도 않으며, 생각해 볼 마음도 없다. 생각하면 그 불공평을 인정해야만 하기 때문이다. 돈을 많이 갖고 있는 사람이 반드시 일을 많이 하는 것은 아니라는 사실을 말이다. (물론 누구나 일하지 않고 돈을 많이 갖고 싶어 한다.) 그런 일은 이렇게 해서 일어난다. 만약에 어떤 흰 사람이 많은 돈을 벌었다고 하자. 먹거리와 오두막집과 잘 때 걸치는 거적을 마련하고 나서도 약간의 여유가 있다고 하자. 그러면 그는 그 돈으로 곧 다른 형제에게 일을 시킨다. 자기가 할 일을 말이다. 우선 자신의 손이 더러워지는 일, 힘들거나 하기 거북한 일을 형제에게 시킨다. 자기가 배설한 똥오줌을 형제를 시켜 치우게 한다. 여자일 경우, 젊은 아가씨를 하녀로 부린다. 하녀는 마님을 위해서 더러워진 거적을 깨끗이 하고, 요리 도구와 발껍질을 씻고, 찢어진 두렁이를 기워야 한다. 마님을 위한 일만 해야 한다. 그러면 이제 주인 또는 안주인은 보다 크고 반응이 있는, 수확이 많은 일에 자기 시간을 돌린다. 물론 손도 더러워지지 않고 몸도 편안한 일이다. 그리고 돈은 이쪽이 더 많이 벌린다.

주인이란 자가 배를 만드는 일을 한다고 하자. 그는 누군가 다른 목수의 손을 빌려서 배를 짓는다. 목수의 손을 빌려서 돈을 벌었으니까 돈은 따지고 보면 손을 빌려 준 목수의 것일 터인데도, 실제로는 일부만을 준다. 대부분은 주인이 차지해 버린다. 그리고 곧 그는 형제 두 사람에게 자기를 위해서 일을 시키고, 금세 또 세 사람에게 일을 시킨다. 일하는 사람은 자꾸 늘어나서 마침내는 백 명, 아니 그 이상의 사람들이 그를 위해서 배를 만들게 된다. 이렇게 되면 이 배 만드는 주인은 거적 위에 아무렇게나 드러누워, 유럽 카바 술을 마시고, 담뱃대로 유유히 연기를 내뿜다가는, 다 만들어진 배를 딴 사람에게 넘겨주고, 다른 사람들이 그를 위해서 일해 벌어 준 둥근 쇠붙이, 묵직한 종이를 자기 앞으로 모으는 일 외에는 전혀 아무것도 하지 않게 된다.

이렇게 되면 사람들은 이 사람을 가리켜 〈부자〉라고 부른다. 모든 사람은 그를 부러워하고, 그에게 간살을 부리고, 듣기 좋은 알랑거리는 말을 늘어놓는다. 요컨대 흰 사람의 세계에서 한 인간의 무게를 재는 것은, 성품의 고상함도 아니고, 용기도 아니고, 마음의 빛남도 아니다. 다만 하루에 얼마만큼 많은 돈을 벌 수 있는가, 어느 정도로 많은 돈을 지진이 일어나도 끄떡도 없는 튼튼한 쇠 상자 속에 간직하고 있는가이다.

다른 사람이 일을 해서 벌어다 준 돈을 모으고 있는 빠빠라기가 많다. 그들은 그 돈을 든든하게 지켜 주는 한 장소로 운반해 간다. 자꾸자꾸 더 많이 운반해 간다. 그러면 어느 날, 자기를 위해서 일해 줄 사람이 한 사람도 필요치 않게 된다. 왜냐하면 돈이 혼자서 그들을 위해서 일해 주기 때문이다. 마법도 아닐 텐데, 어째서 그러한 일이 가능한지, 나로서는 도무지 알 수가 없다. 그렇지만 정말로 그렇다. 돈은 나무줄기에서 잎이 돋아나듯이 늘어나기만 한다. 심지어 그들이 잠을 자고 있는 동안에도.

어떤 사람이 돈을 많이, 보통 사람보다 훨씬 많이 가지고 있어서, 만약 그 돈을 쓴다면 백 명, 아니 천 명이 고통스러운 일을 하지 않아도 될 정도라고 해도, 그는 한 푼도 내놓지 않는다. 다만 둥근 쇠붙이를 껴안고, 묵직한 종이를 깔고 앉아 있을 뿐이다. 탐욕과 환희에 눈을 빛내면서.

네가 만약에 이 사람에게 질문한다고 하자.

「그렇게 많은 돈을 어찌하실 겁니까? 헐벗음을 피하고, 굶주린 배를 채우고, 목을 축이는 것 외에, 이승에서 당신이 할 수 있는 게 있습니까?」

아무런 대답도 없다. 아니면, 그는 이렇게 말할는지도 모른다.

「더욱 많은 돈을 갖고 싶다. 더욱더, 더 많이……..」

이윽고 너도 알게 될 것이다. 돈이 그를 병들게 했다는 사실을. 돈에 홀려 얼이 나가 버렸다는 사실을.

그는 병들고 악마에 홀렸다. 그는 자신의 혼을 둥근 쇠붙이와 묵직한 종이 속으로 집어넣어 버렸다. 지금 얼마나 많은 둥근 쇠붙이와 묵직한 종이를 가졌든 만족할 줄을 모르고, 그보다 많이 모으는 것을 멈추지 않는다.

〈나는 이 세상에 왔을 때와 마찬가지로, 불평도 부정도 없이 이 세상을 떠나고 싶다. 위대한 마음은 우리들을

둥근 쇠붙이, 묵직한 종이 없이 이 세상에 보내 주셨으니까.〉

그는 이런 생각조차 하지 못한다. 이렇게 생각하는 사람은 극히 소수다. 대다수는 병든 채로, 마음이 결코 건전해지는 일이 없이, 그 많은 돈을 갖게 해주는 자기 자신의 힘을 즐기고 있다. 그들은 열대우 속에서 썩은 과일처럼 거만함으로 부풀어 올라 있다. 그들은 자기의 많은 형제들을 고통스러운 일 속에 방치한 채로 즐기고, 자기들만 몸을 살찌우고 풍요를 누리고 있다. 그렇게 하면서도 양심의 가책을 느끼기기는커녕 이제는 더러워질 까닭이 없는 허여멀겋고 파리한 손가락을 기뻐하고 있다. 남의 힘을 끊임없이 빼앗아서 자기 것으로 만들고도 괴로워하지 않거니와 잠 못 이루는 밤도 없다. 형제들에게 돈의 일부를 나누어 주어야겠다는 생각이나, 일을 덜어 주어야겠다는 생각 따위는 아예 해본 적도 없다.

이리하여 유럽에서는 절반에 해당되는 사람들이 아주 조금밖에, 또는 전혀 일을 하지 않는다. 그러한 한편, 다른 절반에 해당되는 사람들은 수많은 더러운 일을 하지 않으면 안 된다. 이 사람들에게는 양달에서 볕을 쬘 시간도 없는데, 다른 절반의 사람들에게는 넘치도록 있다. 모두가 똑같이 많은 돈을 갖고, 모두가 똑같은 시간에 양지에서 햇볕 쬐기를 원한다. 하지만 그러한 일은 있을 수가 없다고 빠빠라기는 믿고 있다. 돈을 위해서 잔혹해지는 것은 정당한 일이라고. 그 손이 돈을 움켜잡으려고 할 때, 그의 마음은 굳어지고, 그의 피는 싸늘해진다. 속임수와 거짓말을 일삼게 되고, 비열하고 무서워진다. 돈 때문에 얼마나 많은 빠빠라기가 다른 빠빠라기에게 죽임을 당하곤 했는지. 그런가 하면, 남의 돈을 남김없이 빼앗기 위해서 독을 숨긴 말로 상대방을 죽이기도 하고 기절시키기도 한다. 피차 서로의 약점을 알기 때문에, 사람들은 좀처럼 남을 믿지 않는다. 돈을 많이 가진 사람이 마음이 착한 사람인지 아닌지 너로서는 절대로 알지 못한다. 지독하게 나쁜 놈인 경우도 아주 흔히 있을 수 있는 일이니까. 어떻게, 어디에서 돈을 빼앗아 왔는지, 알게 뭐야.

그러니까 부자도 잘 모른다. 자신에게 바쳐지는 세상 사람들의 존경이 자기 자신을 향한 것인지, 아니면 자신의 돈을 향한 것인지를. 물론 대부분 돈을 향한 것이다. 그러므로 나로서는, 둥근 쇠붙이와 묵직한 종이를 그다지 갖고 있지 않은 사람들이 왜 그렇게도 자신을 부끄러이 여기고, 부자를 부러워하는지, 그 이유를 알 수가 없다. 오히려 거꾸로 자기들이 부러움의 대상이 되어도 이상할 것이 없지 않은가. 조가비를 많이 걸치고 있다고 해서 더 맵시 있고 더 훌륭하다고 보지 않는 것처럼, 돈을 산더미처럼 껴안고 있다고 해도 마찬가지 아니겠는가. 숨을 쉬는 데에도 힘이 들 것이고, 손발의 자유도 없어질 것이다.

그런데도 빠빠라기 중 어느 한 사람도 돈을 포기하지 않는다. 어느 한 사람도. 돈을 탐내지 않는 사람은 파레아^{바보·멍청이}라고 불리며, 비웃음거리가 된다.

「부_富 ─ 돈을 많이 갖고 있는 것 ─ 는 행복의 근원.」

빠빠라기는 말한다. 그리고 또 이런 말도 한다.

「많은 부를 가진 나라, 그것은 가장 행복한 나라다.」

너희들, 명민한 나의 형제여, 우리는 모두가 가난하다. 태양 아래 우리의 나라만큼 가난한 나라는 없다. 우리들의 고장에는 둥근 쇠붙이와 묵직한 종이가 상자 가득 있지도 않다. 빠빠라기의 사고방식으로 말하자면 우리는 비참한 〈거렁뱅이〉다.

그렇긴 하지만! 너희의 눈과 부자 아리이의 눈을 비교한다면, 그들의 눈은 침침하고 움푹하고 지쳐 있지만, 너희의 눈은 위대한 빛처럼 반짝이고 있다. 기쁨이, 힘이, 생명이, 그리고 건강이 넘쳐 반짝이고 있다. 너희와 같은 눈은 빠빠라기의 나라에서는 어린이들밖에는 지니고 있지 않다. 아직 말을 하지 못하는, 그러기에 돈에 대해선 아무것도 모르는 어린이들밖에는. 위대한 마음은 우리들을 아이투^{악령·악마}로부터 지켜 주는 것으로 우리들을 사랑해 주셨다. 돈이 바로 아이투다. 그것은 모두 악이며, 또 악을 낳는다. 돈을 만진 자는 그 마력에 사로잡히게 되고, 그것을 탐내는 자는 도리어 돈을 섬기게 된다. 그리고 살아 있는 내내 모든 힘과 기쁨을 돈에 바치게 된다.

대접을 했다고 해서 뭔가를 요구하거나, 뭔가 해 주었다고 해서 아로파^{선물·제물}를 탐내는 그러한 인간을 우리들은 경멸한다. 이 귀한 풍습을 우리들은 소중히 간직하리라. 한 사람이 다른 사람들보다 훨씬 많은 물건을 갖는다든가, 한 사람은 아주 많이 갖고 있는데 다른 사람들은 아무것도 갖지 못하는, 그러한 일들을 우리들은 용서하지 않는다. 이러한 풍습을 소중히 지키리라. 그러면 우리들은, 이웃의 형제가 불행을 한탄하고 있는데도 자기는 행복하고 명랑하게 지낼 수 있는 저 빠빠라기와 같은 마음이 되지 않아도 된다.

무엇보다도 먼저 우리들은 돈으로부터 우리 몸을 지켜야 한다. 빠빠라기는 지금 우리들로 하여금 돈을 탐내도록 하기 위해, 우리들에게 저 둥근 쇠붙이와 묵직한 종이를 내밀고 있다. 그것이 우리들을 풍요롭게 만들고 행복하게 한다고 말하면서. 이미 우리들 중에는 눈이 어두워지고, 중한 병에 걸린 자가 제법 있다. 그렇지만 나는 너희들에게 말하리라. 돈으로 사람이 즐거워지거나 행복해지는 일은 없다고. 그렇기는커녕 오히려 사람의 마음을, 사람의 모든 것을, 나쁜 다툼 속으로 끌어넣고 만다는 사실을 알아야 한다. 그리고 돈은 한 사람의 인간도 진정으로 구원하지 못한다. 돈이 한 사람의 인간도 즐겁게, 강하게, 행복하게 해주지 못한다는 사실을 명심하지 않으면 안 된다. 너희들이 너희들 형제의 겸허한 이 말을 믿고 알아듣는다면, 너희들은 저 둥근 쇠붙이와 묵직한 종이를 가장 흉악한 적으로 증오하게 될 것이다.

많은 물건이 빠빠라기를 가난에 빠뜨리고 있다

많은 물건이 빠빠라기를 가난에 빠뜨리고 있다

 그리고 또 빠빠라기는 우리를 두고 이렇게 말하고 있다.

「자네들은 가난하고 불행하다. 자네들에겐 많은 원조와 동정이 필요하다. 자네들은 아무것도 가진 것이 없지 않은가.」

많은 섬들의 사랑하는 형제들이여. 물건이란 무엇인가, 너희들에게 알려 주리라. 예컨대 야자나무 열매는 하나의 물건이다. 파리채도, 팔찌도, 식사하는 접시도, 머리꾸미개도. 이들 모든 것은 물건이다. 그런데 물건에는 두 가지 종류가 있다. 하나는, 야자열매와 조개와 바나나와 같이 우리들 인간의 수고나 노동을 거치지 않고, 저 위대한 마음이 만들어 내는 물건이다. 다른 하나는, 반지와 식사용 접시와 파리채와 같이 많은 인간이 애쓰고 노동을 해서 만들어 내는 물건이다. 아리이^{신사·남자}가 말하는 물건이란, 자기 손으로 만든, 인간이 만든 물건을 가리키는 것이며, 그들이 우리들더러 가진 것이 아무것도 없다고 말하는 것은 바로 이러한 물건이 없다는 말이다.

그렇지만 위대한 마음이 만들어 내는 물건에 대해서 아리이는 한마디도 못할 것이다. 그래, 도대체 누가 우리들보다 풍요하며, 누가 우리들보다 위대한 마음이 만들어 낸 물건을 더 많이 가지고 있다는 말인가. 둘러보라, 멀리 하늘과 바다가 하나로 되는 곳까지. 온통 위대한 마음이 만들어 낸 물건으로 가득하여 흘러넘치고 있지 않은가. 들비둘기랑, 벌새랑, 앵무새들이 살고 있는 우거진 숲. 해삼이랑, 조개랑, 새우, 그 밖의 바다의 동물이 살고 있는 갯가. 밝은 얼굴과 부드러운 모래 살갗을 지니고 있는 해안. 때로는 전사^{戰士}처럼 으르렁거리고, 때로는 타오포우^{마을의 여신, 처녀들의 여왕}처럼 미소를 짓는 바다. 금빛, 은빛의 광채를 발하는 크고 둥근 꽃을 보여주고, 시시각각으로 빛깔이 바뀌는 푸른 하늘.

이러한 물건들 위에다가 무슨 물건을 더 만들어야 한다는 말인가. 이들, 위대한 마음이 만든, 참으로 훌륭한 많은 물건 위에다가. 우리들은 아무리 하여도 위대한 마음이 빚어내는 조화造化를 흉내 내지는 못한다. 왜냐하면 위대한 마음이 지니고 있는 힘에 비해서 우리들의 마음은 너무나도 작고, 너무나도 약하기 때문이다. 우리들이 할 수 있는 것은 너무도 하찮은 것이어서, 이야기할 만한 것도 못 된다. 우리들은 막대기를 사용해서 팔을 길게 쓸 수도 있고, 타노아네 발이 달린 나무 접시를 사용해서 손바닥을 넓게 쓸 수도 있다. 하지만 그 어떤 사모아 사람도, 그 어떤 빠빠라기도 일찍이 한 그루의 야자나무, 한 그루의 자작나무도 만든 적이 없다.

말할 나위도 없이 빠빠라기는 저희들이 그러한 것들을 만들 수 있다고 믿고 있다. 위대한 마음과 마찬가지로 자기들도 강하다는 생각을 하고 있다. 그러니까 무수한 손이 해돋이에서부터 해넘이에 이르기까지 물건들만을 만들고 있다. 인간의 물건, 우리들로서는 그것이 무엇을 위해 쓰이는 것인지 어림도 잡을 수 없으며, 아무리 하여도 아름답다고는 생각되지 않는 물건을 말이다. 빠빠라기는 언제나 더욱더 많은 물건을, 새로운 물건을 만들려고 애를 쓰고 있다. 그 손은 일에 열중하여 쉴 틈이 없고, 얼굴은 잿빛으로 변하고, 등은 구부러지고 말았다. 그렇지만 새로운 물건을 만드는 데에 성공했을 때는 얼굴은 행복

감으로 빛난다. 그리고 모두가 이 새로운 물건을 탐내고, 우러러 받들고, 자기 앞에 놓고는 그것을 위해 노래를 바친다.

오오, 나의 형제들이여, 나를 믿어 준다면 나는 말하리라. 나는 빠빠라기의 생각의 뒤쪽으로 돌아가서, 한낮의 태양이 비추어 밝히듯이 그들이 생각하는 바를 똑똑히 보았다. 빠빠라기는 가는 곳에서마다 위대한 마음이 만든 것을 파괴해 버리기 때문에, 자신이 죽여 없앤 것을 다시 한 번 자기 힘으로 되살리려고 하는 것이다. 많은 물건을 만들기 때문에, 마치 자기 자신이 위대한 마음이기라도 한 것처럼 착각에 빠지면서.

형제들이여, 무슨 말인지 알겠는가? 만약 잠시 후에 커다란 폭풍우가 몰아쳐 와서, 잎사귀까지 몽땅, 나무도 몽땅, 원시림과 그 산들을 송두리째 앗아가 버린다면, 만약에 또 바다의 조개도, 생물도, 처녀들의 머리를 꾸미는 히비스커스 꽃 한 송이조차도 남김없이 쓸어 간다면, 지금 눈에 보이는 이 모든 것이 사라져 모래밖에 아무것도 남지 않아 이 땅이 마치 납작한 손바닥이나 불타는 용암이 흐르는 벌거숭이산처럼 되어 버린다면, 우리들은 야자나무랑, 조개랑, 원시림이랑, 그리고 잃어버린 모든 것들에 대해 얼마나 가슴 아파할 것인가.

빠빠라기들의 오두막집이 많이 있는, 그들이 도시라고 부르는 곳은 그 납작한 손바닥처럼 텅 빈 장소다. 그러다 보니 빠빠라기는 정신이 돌아 버려서, 마치 자신이 위대한 마음인 양 행동한다. 그렇게 함으로써, 자기가 실은 아무것도 갖고 있지 않다는 사실을 잊으려고 한다. 빠빠라기는 가난하고, 그들 나라는 비참하기 때문에, 바보 멍청이가 마른 잎을 모아서 자신의 오두막집에다가 가득 처넣는 것처럼, 물건을 계속 끌어다 모은다. 하지만 그 때문에 또 우리들을 시기하고, 우리들이 그와 마찬가지로 가난해지기를 바라고 있다.

많은 물건이 있어야 한다는 것은 가난하기 때문이다. 위대한 마음에 의해서 만들어진 것이 부족하기 때문이다. 빠빠라기는 가난하다. 그래서 물건에 홀려 있다. 물건 없이는 이제 살아가지 못한다. 빠빠라기가 머리에 기름을 발라 빗기 위해서 거북의 등딱지로 그 도구를 만든다고 하자. 다음엔 그 도구를 넣기 위한 가죽 주머니를 만든다. 다음엔 또 그 주머니를 넣기 위한 작은 상자를 만든다. 작은 상자를 담기 위해 또 큰 상자를 만든다. 빠빠라기는 뭐든지 주머니와 상자에 넣는다. 두렁이를 넣어 두는 상자가 있다. 윗도리 도롱이를 넣어 두는 상자, 아랫도리 도롱이를 넣기 위한 상자. 속껍질, 입 닦는 거적, 그 밖의 거적을 넣어 두는 상자. 손껍질과 발껍질을 넣어 두는 상자, 둥근 쇠붙이와 묵직한 종이를 담아 두는 상자, 먹거리를 갈무리해 두기 위한 상자, 성스러운 종이 묶음을 위한 상자, 상자, 상자, 상자……. 하나면 너끈할 텐데도, 온갖 것들을 사용해서 많은 물건을 만든다. 유럽의 요리 오두막에 가보면 알 것이다. 대체로 쓰지도 않는, 먹거리 담는 접시랑 요리 도구가 가득히 있다. 하나하나의 먹거리마다 하나씩의 타노아가 따로 있다. 물을 담는 타노아와 유럽 카바 술을 담는 타노아는 다르게 만들어져 있다. 야자열매를 담는 것과 비둘기 고기를 담는 것도 또 따로 되어 있다.

유럽의 오두막집 한 채 안에는 참으로 많은 물건이 있다. 사모아의 마을 사람이 모두 모여서 각자가 가질 수 있는 만큼 가져간다 하더라도, 한 마을 사람들만으로는 전부 나를 수 없을 정도다. 그중에는 더욱 많은 물건을 간직해 두는 굉장한 오두막집도 있다. 수많은 흰 주인 나리들이 여러 명의 남자와 여자를 부려서, 물건을 정돈하기도 하고 모래로 닦아 광을 내기도 하는데, 그 사람들은 그 일만으로도 바빠서 다른 일은 할 겨를이 없을 정도로 많은 물건이 있는 것이다. 가장 위대한 타우포우조차도 그녀의 많은 물건을 헤아리거나, 옮겨 놓거나, 닦아 광을 내느라고 많은 시간을 허비하고 있다.

형제들이여, 너희는 알고 있을 것이다. 내가 거짓말하고 있지 않다는 것을. 그리고 너희들에게 정말로 내가 본 그대로를 말하고 있다는 것을. 나는 아무것도 덧붙여서 말하지 않았고, 빠뜨리고 말하지도 않았다.

유럽에는 자기 이마에 불대롱을 갖다 대고 자기 자신을 죽여 버리는 사람들도 있다. 이것은 정말로 있는 이야기다. 물건이 없는 바에야 차라리 죽는 게 낫다고 이 사람들은 생각한다. 빠빠라기는 여러 가지 방식으로 자신의 마음을 길들이고 있다. 먹을 것이 없으면 살아갈 수 없는 것과 마찬가지로, 물건이 없으면 살아갈 수 없다고, 자기 자신에게 끊임없이 되뇌인다.

나는 유럽에서 방해받는 일 없이 거적 위에 팔다리 쭉 뻗고 누워 마음 편히 잠잘 수 있는 그러한 오두막집을 구경할 수가 없었다. 물건들이 번쩍번쩍 번쩍이기도 하고, 와글와글 와글거리기도 하기 때문에 눈을 감는 것조차도 뜻대로 되지 않았다. 진짜로 평온함이 있는 밤은 한 번도 없었다. 잠잘 때 걸치는 거적과 베개, 그밖에는 아무것도 없는, 바다를 지나가는 저 온화한 계절풍 말고는 아무도 찾아오는 이 없는, 사모아의 내 작은 오두막이 그토록 사무치게 그리울 수가 없었다.

물건을 조금밖에 갖지 못한 빠빠라기는 자신을 가난하다고 말하며 슬퍼한다. 우리들이라면 식사하는 사발 말고는 아무것도 가지지 않았더라도, 누구나 노래를 부르며 웃는 얼굴로 지낼 수 있을 텐데, 빠빠라기 가운데에는 그런 사람이 한 명도 없다. 흰 세계의 사람들이 우리들의 오두막에 온다면, 오두막에 아무것도 없는 것을 몹시 슬퍼하고는, 서둘러 숲에서 나무를 베어 내기도 하고, 거북의 등딱지, 유리, 끈, 갖가지 돌, 그 밖의 것들을 모아 와서, 사모아의 집이 큰 물건 작은 물건으로 파묻힐 때까지, 아침부터 저녁까지 계속해서 그 손을 움직여 댈 것이다. 물건 ─ 이것이나 저것이나 쉽게 부서져 버리고, 불이 나거나 강한 비바람이 몰아치기라도 하면, 금세 엉망진창이 되어 언제나 새로 다시 만들지 않으면 안 될 물건들을 위해서.

빠빠라기다운 빠빠라기일수록 많은 물건을 사용한다. 빠빠라기의 손은 쉴 새 없이 물건을 만든다. 빠빠라기의 얼굴은 그래서 대체로 지쳐 있고 슬픈 표정이다. 그러니까 저 위대한 마음이 만든 물건들을 감상하기도 하고, 마을 큰 마당에서 뛰놀기도 하고, 기쁨의 노래를 지어 부르기도 하고, 혹은 안식일에 햇빛 속에서 춤을 추기도 하면서, 우리들 모든 인간이 마땅히 그리해야 할 바대로 자유

로이 몸을 움직여서 즐기고자 하는 자는 거의 없다.[1] 그들은 물건을 만들어야만 한다. 그들은 물건을 지키지 않으면 안 된다. 물건은 그들에게 붙어 다니며, 작은 모래개미처럼 그들의 살갗을 기어 돌아다닌다. 그들은 물건을 손에 넣기 위해 냉혹한 마음으로 온갖 죄를 저지른다. 그들은 남자의 명예를 위해서도 아니고, 힘겨루기를 위해서도 아니고, 오직 물건 때문에 서로를 공격한다.

그럼에도 불구하고, 그들은 자기들의 생활이 매우 가난하다는 사실을 알기는 아는 모양이다. 그렇지 않고서야, 가지각색의 즙에 적신 터럭을 가지고 하얀 거적 위에다가 아름다운 그림자를 그리는 빠빠라기가 그렇게 많이 있을 까닭이 없다. 그들은 신이 만드신 온갖 아름다운 물건을 그들 힘자라는 대로 붙잡아 놓으려는 것이다. 기쁨을 담아 아름다운 빛깔로. 그들은 또 말랑한 흙을 사용해서, 두렁이를 걸치지 않은 갖가지 인간의 모양을 만든다. 예컨대 마타우투 마을의 타오포우처럼 아름답고 편

---

[1] 사모아의 마을 사람들은 곧잘 함께 모여서 뛰놀기도 하고 춤을 즐기기도 한다. 모두가 젊을 때부터 춤을 잘 추며, 마을마다 각각 마을의 노래가 있고, 시인이 있다. 밤이 되면 어느 오두막집에서나 노랫소리가 흘러나온다. 이 노랫소리가 아름답게 들리는 것은 이 고장 말이 모음(母音)을 많이 내포하고 있기 때문일 뿐만 아니라 섬사람들 특유의 예민한 음감 때문이기도 하다. ─ 에리히 쇼이어만

안한 모습의 처녀들, 혹은 곤봉을 치켜들거나 활을 당기거나 또는 숲의 들비둘기를 뒤쫓는 사나이들의 모습. 흙으로 빚은 인간을 위해서 빠빠라기는 특별히 큰 잔치 오두막집을 세운다. 아득히 먼 곳으로부터는 사람들이 찾아와서, 흙으로 만든 상(像)의 거룩함과 아름다움에 마음이 도취된다. 그들은 두렁이를 겹겹으로 껴서 걸치고도, 그 앞에 서서 몸을 떤다. 자기 자신은 이미 잃어버린 아름다움을 흙으로 만든 상에서 발견하고는, 기쁨에 넘쳐 울고 있는 빠빠라기를 나는 본 적이 있다.

그런데 흰 사람들은 우리들도 마땅히 풍요로워야 한다며, 그들의 보물을 우리들의 고장으로 가지고 오고 싶어한다. 그들의 그 물건이라는 것을 말이다. 물건은 독을 바른 화살이다. 가슴에 박혀서 사나이는 죽는다.

「우리는 자네들에게 욕구라는 것을 집어넣어 주어야만 한다.」

우리들의 나라를 잘 알고 있는 어떤 흰 사람이 그렇게 말하는 것을 들은 적이 있다. 욕구, 그것은 물건이다. 그리고 이 똑똑한 친구는 덧붙여 말했다.

「그렇게 하면 자네들도 일하겠다는 생각을 좀 갖게 되겠지.」

우리들도 물건을 만들기 위해 팔에 힘을 주어 일해야

한다는 것이다. 물건, 우리들을 위한 것이라는 물건. 하지만 무엇보다도 먼저, 그것은 빠빠라기를 위한 물건이라는 사실을 깨달아야 한다. 그러지 않으면 우리들도 또한 그들처럼 지쳐서 얼굴은 잿빛이 되고, 허리는 구부러지고 말 것이다.

많은 섬들의 형제들이여. 정신 차리지 않으면 안 된다. 맑고 슬기로운 마음을 지녀야 한다. 왜냐하면, 빠빠라기의 말은 바나나처럼 달콤하지만, 거기엔 우리들의 모든 빛과 모든 기쁨을 죽여 버릴지도 모르는 창槍이 숨겨져 있기 때문이다. 우리들은, 저 위대한 마음이 만드신 물건 외에는 필요한 물건이 거의 없다는 사실을 절대로 잊어서는 안 된다. 위대한 마음은 우리들에게 위대한 마음의 물건을 볼 수 있는 눈을 내려 주셨다. 한 사람이 자기 일생을 다 바친다 해도, 위대한 마음이 만든 물건을 다 구경한다는 것은 불가능한 일이다.

그리고 저 흰 사나이의 입에서 나온 다음과 같은 말보다 더 큰 거짓말은 없다.

「위대한 마음의 물건 따위는 쓸모가 없다. 우리들이 만든 물건은 매우 쓸모가 있다. 언제까지나 쓸모가 있다.」

그들의 물건. 마구잡이로 만들어 내 많기만 하고, 번쩍번쩍 번쩍이고 반짝반짝 반짝이며, 시종 눈길을 꼬드겨서 자신을 돋보이게 하려고 애쓰고 있는 그들의 물건. 그것들은 빠빠라기의 몸뚱이를 아름답게 한 적도, 그 눈을 밝게 한 적도, 그 마음을 튼튼하게 한 적도 없다. 빠빠라기의 물건은 우리들에게는 전혀 쓸모가 없다. 마찬가지로 빠빠라기의 말도, 그들이 우리들에게 강요하려는 〈일〉이라는 것도, 모두가 나쁜 마음의 흉계이며, 독을 품고 있는 생각일 뿐이다.

빠빠라기에겐 한가한 시간이 없다

빠빠라기는 둥근 쇠붙이와 묵직한 종이를 좋아한다. 썩은 과일의 즙과, 돼지와 소, 그 밖의 흉측한 짐승의 고기를 뱃속에 넣는 것을 좋아한다. 하지만 특히 좋아하는 것은, 손으로는 절대로 잡을 수 없지만 그래도 거기에 있기는 한 것, 바로 시간이다. 빠빠라기는 시간에 대해서 야단법석을 떨기도 하고, 얼토당토않은 수선을 떨기도 한다. 그렇다고 해서, 해가 떠서 해가 지고, 그 이상의 시간이 있을 턱도 없는데, 빠빠라기는 그것으로 만족하지 않는다. 빠빠라기는 언제나 시간에 불만족이기 때문에 위대한 마음에게 불평을 한다.

「어째서 시간을 더 주시지 않습니까?」

그는 하루하루의 새로운 날들을 꼭 맞게 결정한 계획으로 잘게 나눠서 산산조각을 냄으로써 신과 신의 커다란 지혜를 모독한다. 부드러운 야자열매를 손도끼로 잘게 써는 것과 마찬가지로 그는 하루의 시간을 잘게 토막낸다. 잘게 잘라진 부분에는 이름이 붙어 있다. 초, 분, 시. 초는 분보다 짧고, 분은 시보다 짧다. 이것들이 모여서 시간이 된다. 분이 60개 모여야 한 시간이 되고, 그보다 훨씬 많은 초가 모여서 또 한 시간이 된다.

이러한 일들은 너무 복잡해서 나로서는 전혀 그 뜻을 알 수가 없었다. 무엇보다도 이런 한심한 일에 필요 이상으로 머리를 쓰자니 단지 짜증만 날 뿐이었다. 그런데 빠빠라기는 그것으로 대단한 지식을 만들어 냈다. 남자도 여자도, 아직 제대로 서지도 못하는 어린아이까지, 동글납작한 작은 기계를 몸에 지닌다. 옷에 넣어 다니거나, 굵은 쇠붙이로 만든 사슬에 매달아 목에 걸거나, 손목에다가 가죽 끈으로 동여매든가 한다. 이 기계로 시간을 읽는 것이다. 읽는 법은 쉽지 않다. 어린이들은 이 기계를 귀에 갖다 대면서 친숙해지고, 시간 읽는 방법을 연습하게 된다.

시간 기계는 똑바로 편 두 손가락 위에 얹어서 가볍게 운반할 수 있는 정도의 것이지만, 그 뱃속은 너희들 전부가 잘 알고 있는 저 커다란 배의 뱃속과 마찬가지로 기계 투성이다. 크고 무거운 시간 기계도 있다. 이것은 오두막집의 안쪽에 세워져 있기도 하고, 마을에서 가장 높은 집의 지붕 꼭대기에 얹혀 멀리에서도 볼 수 있도록 되어 있기도 하다. 이 기계는 시간의 한 마디가 돌아 지나면, 바깥쪽의 작은 손가락으로 그것을 가리키고, 동시에 큰 소리로 외친다. 마물魔物이 기계의 심장부에서 쇠를 치는 것이다. 그래서 유럽의 도시에서는 시간의 한 마디가 돌아 지나면 여기저기서 무서운 신음소리나 외침이 일어난다. 시간의 이 외침이 울려 퍼지면, 빠빠라기는 한탄한다.

「아아, 이럴 수가 있나. 벌써 한 시간이 지나가 버렸다.」

그리고 대개는 큰 고민이라도 있는 것처럼 슬픈 표정을 짓는다. 바로 그때, 또 새로운 한 시간이 시작되고 있는데도 말이다. 깊은 병에 걸린 것이라고밖에 나는 달리 이해할 도리가 없었다.

「시간이 나를 피해 간다.」

「시간은 말馬과 같다.」

「좀 더 시간이 필요하다.」

「시간……!」

모두 흰 사람이 내지르는 탄식의 목소리다. 아무래도 이것은 무슨 병인 것 같다는 생각이 든다. 그 이유는 이렇다고 하겠다. 가령 흰 사람이 무엇인가를 하고 싶다는 욕망이 생겼다고 하자. 그쪽으로 마음이 움직이겠지. 이를테면 햇볕 속으로 나간다든가, 강에서 카누를 탄다든가, 아가씨를 사랑한다든가. 그러다가 그는 문득 속으로 소리친다.

「아니다. 이렇게 즐기고 있을 때가 아니다. 내게는 그럴 시간이 없지 않은가!」

그런 생각에 홀린 나머지, 대개 욕망은 사그라지고 만다. 시간은 그저 거기에 있다. 있어도 전혀 보려고 하지 않을 뿐이다. 그는 자신의 시간을 빼앗아 갔다며 수많은 일들을 끊임없이 들먹인다. 그러고는 즐거움도 기쁨도 느낄 수 없는, 그러나 하기는 해야 할 일 앞에 투덜투덜 불평을 늘어놓으면서 웅크리고 만다. 하지만 그 해야 할 일 앞으로 자기를 떠민 것은 다른 사람이 아닌 바로 그 자신이다.

그러다가 문득 시간이 있다는 것을, 시간이 그대로 거기 있다는 것을 보았다고 하자. 아니면 누가 시간을 주었다고 하자. (빠빠라기들은 시간을 서로 주기도 하는데, 이보다 훌륭한 일은 없는 것으로 여긴다.) 그러나 그때는 이미 욕망이 사그라졌거나, 그렇잖으면 하고 싶지 않지만 해야 했던 그 재미없는 일에 시달린 나머지 곤죽이 된 뒤다. 이리하여 빠빠라기는 언제나 〈내일 해야지〉 하고 마음먹는다. 시간이 있는 건 오늘인데도.

시간 따위는 도통 가져 본 적이 없다고 우겨 대는 빠빠라기들이 있다. 그 치들은 마치 아이투^{악령·악마}에게 홀린 사람처럼 정신을 잃고 분주히 돌아다니고, 가는 곳마다 재앙과 대혼란을 일으킨다. 홀린 이 상태는 참으로 무섭다. 그것은 고명한 무당도 치료할 수가 없는, 많은 사람들을 전염시켜 비참한 구렁텅이로 빠뜨리고 마는 무서운 병이다.

빠빠라기는 누구나 시간의 공포에 홀려 있기 때문에, 남자들뿐만 아니라 여자와 아이들까지도 자신이 처음으로 위대한 빛을 본 이래로 지금까지 몇 번이나 해와 달이 뜨고 졌는가를 사뭇 정확하게 알고 있다. 정말로 이 사실은 퍽이나 중요한 뜻을 지니고 있어, 일정한 시간 간격마다 꽃을 장식하고 맛있는 요리를 갖추어 성대하게 축하한다. 나는 자주 〈몇 살이냐?〉는 질문을 받았다. 그게 무슨 말인지 너희들은 모를 것이다. 나도 몰랐다. 그때마다 나는 웃으면서 〈모릅니다〉라고 대답했다. 그러한 나를 보고 그들은 부끄럽지도 않으냐고 했다. 그들이 나를 한심하게 생각한다는 것쯤은 알 수 있었다.

「자신이 몇 살인가 하는 정도는 알고 있어야 한다.」

그들은 곧잘 말했다. 나는 말을 하지 않았고, 그리고 생각했다. 모르는 편이 훨씬 낫다고. 몇 살이냐 하는 것은, 밤하늘의 달이 둥글게 차올랐다가 다시 이지러지는 것을 몇 번 거듭 보았느냐는 말이다. 그것을 열두 번 거푸 보면 한 살이라는 것이다. 하지만 이러한 셈과 억측에는 아주 큰 해로움이 있다. 그 이유는 이렇다. 대부분의 인간이 일생에 얼추 몇 번이나 달이 바뀌는 모습을 보게 되는지 알고 있다. 그래서, 누구나 정확히 계산을 맞추어 보고는 만약에 벌써 달이 많이 바뀌었다는 것을 알게 되면, 그 사람은 말할 것이다.

「그렇다면, 나는 틀림없이 머지않아 죽는다.」

이렇게 되면, 이미 어떠한 기쁨도 사라져 버리고, 그는 머지않아 진짜로 죽고 만다.

유럽에서 정말로 여유가 있는 사람은 거의 없다. 아마 한 사람도 없다고 해야 옳을 것이다. 누구나 던져진 돌멩이처럼 인생을 달린다. 거의 모든 사람이 눈을 내리뜬 채로, 손을 앞뒤로 크게 흔들며 되도록 빨리 앞장서려고 한다. 만약에 다른 사람이 말리기라도 한다면, 그들은 성을 내고 고함칠 것이다.

「어째서 방해를 하느냐! 내게는 시간이 없다! 너는 너 자신이나 보살펴야 한다. 자신의 시간을 헛되이 하지 말아야지!」

 빨리 가는 사람일수록 훌륭한 사람이고, 천천히 가는 사람일수록 덜떨어진 사람이라고 그들은 생각하고 있는 것 같다.

 나는 이런 사나이를 본 적이 있다. 머리가 파열되어서 어지러이 흩어진 것 같고, 죽어가는 물고기처럼 눈을 크게 뜨고 입을 빠끔빠끔 벌리며, 얼굴은 붉으락푸르락, 팔다리는 바둥거리고 있었다. 그렇게 된 것은, 이 사나이의 하인이 약속한 시간보다 약간 늦게 왔기 때문이었다. 이 약간의 시간이 사나이에게는 되찾을 수 없는 손실이었던 것이다. 그는 그 약간의 시간보다 훨씬 긴 시간을 그렇게 제 분을 삭이지 못하고 펄떡거리고 있었다. 하인은 이 오두막집을 떠나가지 않으면 안 되었다. 그 빠빠라기가 이렇게 욕설을 퍼붓고 하인을 내쫓아 버린 것이다.

「너는 내 시간을 듬뿍 훔쳤다. 시간을 소중히 여기지 않는 놈은 이 세상에 살아 있을 자격도 없다.」

 단 한 번뿐이었지만, 시간을 많이 가지고 있는 사람을 만난 적이 있다. 이 사람은 여유가 없다는 한탄은 절대로 하지 않았지만, 헐벗고 꾀죄죄하고 멸시를 당하고 있었다. 사람들은 이 사람 주위로 커다란 활 모양을 그리면서 되도록 가까이 접근하지 않으려고 했다. 이 사람을 존경하는 자는 단 한 사람도 없었다. 나로서는 사람들이 왜 그를 존경하지 않는지 이해할 수가 없었다. 허둥대지 않고 느릿느릿 걸으며, 온화하고 친밀감이 두터운 미소를 눈에 담고 있는데도 말이다.

내가 물어 봤더니, 이 사람은 얼굴을 찡그리고 슬픈 표정으로 말했다.

「나는 시간을 쓸 줄 모른다. 그러니까 나는 남보다 가난하고 어리석은 바보 천치다.」

이 사람에겐 여유가 있었다. 그렇지만 그도 행복하지는 않았다.

빠빠라기는 시간을 되도록 빡빡하게 쓰기 위해 안간힘을 쓰고, 머릿속은 온통 그 생각으로 가득 차 있다. 그들은 물과 불, 폭풍우와 하늘의 번개를 써서[1] 시간을 멈추어 두려 한다. 더욱 시간을 벌기 위해 발에 굴렁쇠를 달고, 말소리에 날개를 단다.[2] 하지만 시간을 얻는 이 모든 노력은 무엇을 위해서인가? 빠빠라기는 시간을 이용해서 무엇을 하려는 것인가? 나는 거기까지 알아낼 수는 없었다. 빠빠라기는 언제나, 마치 위대한 마음의 포노^{잔치}에 초대받기라도 한 것처럼, 거창한 말과 몸짓으로 설명해

1 수력과 화력으로 전기를 발전하는 것.
2 전신, 전화 및 전파를 이용하는 것.

주었지만.

 내 생각에, 시간이란 젖은 손으로 쥐고 있는 뱀과 같은 것이다. 너무 꽉 잡으려고 하니까 더 도망치는 것이다. 시간이 스스로 다가올 수 없게 만들어 버리는 것이다. 빠빠라기는 언제나 손을 뻗어 시간을 붙잡으려 뒤쫓아 간다. 시간에게 양지에서 햇볕 쬘 틈조차도 주지 않는다. 빠빠라기는 시간을 언제나 붙들어 두고 노래를 시키거나 말을 시키거나 아무튼 가만 두려 하지 않는다. 하지만 시간은 조용하고 평화로운 것을 좋아하며, 안식을 사랑하고, 거적 위에 느긋한 자세로 눕는 것을 좋아한다. 빠빠라기는 시간이 어떠한 것인지 알지 못하고, 이해도 하지 못한다. 그러므로 자기들의 야만스러운 풍습에 따라서 시간을 학대하고 있다.

 오오, 너희들 사랑하는 형제여. 우리들은 아직 한 번도 시간에 대해 불평을 늘어놓은 적이 없고, 때가 오면 오는 대로 그저 때를 사랑해 왔다. 시간을 윽박질러 다그친 적도 없거니와, 쪼개어 산산조각을 내려고 한 적도 없다. 시간으로 고통을 겪은 적도 없거니와, 시간으로 고민한 적도 없다. 우리들 가운데 시간이 없다고 말할 사람이 있다면 어디 나와 보라. 우리들은 누구를 막론하고 많은 시간을 갖고 있다. 아무도 시간에 불만이 없다. 우리들은 지금

가지고 있다. 지금 넉넉히 가지고 있다. 이 이상 필요하지 않다. 우리들은 알고 있다. 우리들 일생의 종말이 오려면 아직 멀었으며, 우리에게는 아직도 충분한 시간이 있다는 사실을. 그리고 그때가 되면, 설령 달이 몇 번이나 바뀌었는지 우리들이 알지 못하더라도, 위대한 마음께서 다 알아서 그의 뜻대로 우리들을 불러들여 주신다는 것을.

우리들은 저 불쌍하고 갈피를 못 잡는 빠빠라기를 미친 짓에서 구출해 주어야 한다. 시간을 되찾아 주어야 한다. 그러자면 우리들은 빠빠라기의 작고 둥근 시간 기계를 때려 부수고, 그들에게 가르쳐 주어야만 한다. 해돋이에서부터 해넘이까지, 한 사람의 인간으로서는 다 쓰지 못할 만큼 많은 시간이 있다는 사실을.

빠빠라기가 하느님을 가난하게 만들었다

빠빠라기가 하느님을 가난하게 만들었다

빠빠라기는 뭔가 괴상한, 그리고 최고로 뒤얽힌 사고방식을 갖고 있다. 그들은 언제나, 어떻게 하면 저 물건이 자신에게 쓸모 있게 되겠는지, 그리고 어떻게 하면 그것이 자신의 것이 되겠는지를 생각한다. 그것도 대개 모두를 위해서가 아니라 단 한 사람만을 위해서 말이다. 여기서 한 사람이라는 것은 자기 자신을 말하는 것이다.

만약에 어떤 사나이가 이렇게 말했다고 하자.

「내 머리는 내 것이지, 내가 아닌 어느 누구의 것도 아니다.」

그건 그렇다. 확실히 그 말대로다. 그것에 대해서 아무

도 트집을 잡을 수 없다. 손의 임자 이상으로 그 손에 대한 권리를 가지고 있는 자는 없다. 여기까지는 좋다. 정당하다고 생각할 수 있다. 하지만 더 나아가 빠빠라기는 이렇게도 말한다.

「이 야자나무는 내 것이다.」

야자나무가 자기 오두막집 앞에 서 있다고 그렇게 주장하는 것이다. 마치 야자나무를 자기가 자라게 한 것처럼. 야자나무는 절대로 어느 누구의 것일 수 없다. 절대로 그럴 수가 없다. 야자나무는 대지로부터 우리들을 향해 내뻗으신 하느님의 손이다. 하느님은 많은 손을 갖고 계신다. 나무, 꽃, 풀, 바다, 하늘, 하늘의 구름, 이 중 어느 것 하나도 하느님의 손 아닌 것이 없다. 우리들에게 허락된 것은 다만 그 손을 잡고 기뻐하는 일뿐이다. 이렇게 말해서는 안 된다.

「하느님의 손은 내 손이다.」

하지만 빠빠라기는 그렇게 말하고 있다.

우리말에 〈라우〉라는 말이 있다. 〈내 것〉이라는 뜻이기도 하지만, 〈네 것〉이라는 뜻이기도 하다. 결국 내 것과 네 것은 구별할 수가 없고, 똑같은 것이다. 하지만 빠빠라기의 말에서, 이 〈내 것〉과 〈네 것〉 이상으로 차이가 큰 말은 거의 없다. 〈내 것〉이란 오직 나 한 사람, 나만의 것이다. 〈네 것〉이란 오직 너 한 사람, 너만의 것이다. 빠빠라기는 자기 오두막집의 울타리 안에 있는 것은 전부 자기 것이라고 말한다. 자기 외에는 아무도 그것에 대한 권리가 없다. 만약에 네가 빠빠라기가 사는 곳에 가서 무언가 거기에 있는 것을 본다면, 그것이 과일이든, 나무든, 물이든, 숲이든, 설령 한 덩어리의 흙이든, 언제나 누군가가 곁에 다가와 이렇게 말할 것이다.

「이건 내 물건이다. 조심하라. 내 물건에 손대지 마라.」

그런데도 불구하고 네가 그것에 손을 댄다면, 그는 큰 소리로 외치며 너를 〈도둑놈〉이라고 부를 것이다. 이건 매우 불명예스러운 말인데, 단지 네가 이웃 사람의 〈내 물건〉에 잠시 손을 대보기만 해도 이런 호칭으로 불리게 된다. 그의 친구들이나, 대추장의 부하들이 서둘러 와서, 너를 사슬로 묶어서 파레 푸이푸이^{감옥}에 가두어 버린다. 그리고 너는 일생 동안 사람들로부터 손가락질을 받게 된다.

그래서 어떤 사람이 〈이것은 내 물건이다〉라고 선언한 물건에 다른 사람이 손을 대지 않도록, 어떤 것이 내 것이고, 어떤 것이 내 것이 아닌지 특별한 율법으로 빈틈없이 정해 놓았다. 게다가 또 유럽에는 아무도 이 율법을 어기지 않도록, 전문적으로 감시하는 사람들도 있다. 이 사람들은 빠빠라기의 물건 어느 것 하나도 빼앗기는 일이 없도록 망을 보고 있다. 따지고 보면 그 〈내 물건〉이란 것도 빠빠라기가 딴 곳에서 빼앗아 온 물건인데도. 빠빠라기는 하느님의 재산을, 또 하느님으로부터 영원히 물려받았다고 말하는 권리를 마치 자신의 손에 넣고 있는 체한다. 야자나무도, 꽃도, 바다도, 하늘도, 그리고 하늘의 흘러가는 구름도 정말로 자기 것이거나 한 것처럼.

빠빠라기가 자신의 많은 〈내 물건〉을 위해서 율법을 만들고, 파수꾼을 두지 않으면 안 되는 것은 〈내 물건〉이 아주 조금밖에 없는 사람들, 또는 전혀 없는 사람들이 그의 많은 〈내 물건〉을 가져가는 일이 없도록 하기 위해서이기도 하다. 그것은 많은 〈내 물건〉을 가진 사람이 많이 있는 만큼, 아무것도 갖고 있지 않은 사람도 많이 있다는 것을 말해 주는 것이라 하겠다. 〈내 물건〉이 많이 몰려오는 마법이나 주술을 누구나 알고 있는 것도 아니며, 〈내 물건〉을 모으는 것은 일종의 특별한 용기가 필요한 일이다. 그 용기가 우리들이 말하는 용기처럼 반드시 명예와 통하는 건 아니지만.

하느님을 괴롭히거나, 하느님의 것을 빼앗거나 하는 일을 하고 싶지 않아서, 거의 아무것도 갖고 있지 않는 사람도 있다. 이러한 사람들은 빠빠라기 가운데에서는 가장 좋은 사람이라고 말해도 좋을 것이다. 그렇지만 그런 사람은 확실히 흔하지는 않다.

대부분의 빠빠라기는 부끄럼 없이 하느님의 물건을 훔치고 있다. 그것밖에 할 줄 아는 일이 없다. 뭔가 나쁜 일을 하고 있다는 생각은 아예 없는 것 같다. 모두가 그렇게 하고 있으니, 전혀 마음에 걸릴 것도 없으며, 아무도 부끄럽다는 생각을 할 필요가 없다. 아버지로부터 많은 〈내 물건〉을 물려받고 태어나는 사람도 많다.

어쨌든 하느님의 것은 이제 얼마 남지 않았다. 인간이 모두 훔쳐 가서 내 것과 네 것으로 나눠 가지고 말았다.

모두의 것으로 정하고 만드신 태양을 하느님도 이제는 모두에게 고루고루 나눠 줄 수가 없다. 모두가 다 남보다 많은 태양을 요구하기 때문이다. 넓고 깨끗한 양달에서 아주 적은 사람만이 햇볕을 쬐고 있는가 하면, 좁고 더러운 응달에서 아주 많은 사람이 오글오글 초라한 햇살을 쬐고 있다.

하느님도 이제는 이 위대한 거처居處의 더없이 높은 아리이 시리지배자로 계시지 못하며, 진실한 기쁨도 잃어버리셨다. 빠빠라기가 이렇게 말하며 하느님을 부정하기 때문이다.

「전부 내 물건이다.」

여러 가지 일들을 머리 가득히 생각하는 빠빠라기가 내놓는 생각이란 게 이런 식이다. 그런데도 자신이 훌륭하고 옳다고 잘라 말한다. 정작 하느님 앞에서는 훌륭하지도 않고, 옳지도 않은데 말이다. 만약에 빠빠라기가 올바르게 생각한다면, 그도 역시 알게 될 것이다. 확실하게 소유할 수 없는 물건은 어느 누구의 것도 아니라는 사실을. 그리고 확실하게 소유할 수 있는 물건이란 원래부터 없었다는 사실을. 그리고 더 나아가, 하느님이 이 위대한 거처를 만드신 것은, 모두가 이곳에 기쁨의 보금자리를 가질 수 있도록 하기 위해서라는 사실을 빠빠라기도 이해하게 될 것이다. 이 위대한 거처는 충분히 커서, 누구에게나 햇빛과 작은 기쁨이 넉넉히 돌아가고, 누구에게나 작은 야자나무 덤불과 발로 밟고 설 땅이 확실히 돌아갈 수 있음을. 그것이 하느님의 마음이며, 그것이 또한 하느님께서 정하신 일이다. 하느님께서 어찌 단 한 명의 자식이라도 잊으시겠는가. 그런데 실제는 놀랍게도 많은 사람들이, 하느님께서 마련해 주신 작은 장소가 없어 이리로 저리로 헤매고 있다.

빠빠라기가 하느님의 분부를 듣지 않고 저들 멋대로 율법을 만들었기 때문에 하느님은 빠빠라기의 재산에 많은 적을 보내셨다. 빠빠라기의 〈내 물건〉을 때려 부수기 위해 습기와 열을 보내셨다. 빠빠라기의 물건은 헐고, 너덜너덜해지고, 썩어서 못 쓰게 된다. 하느님은 또 그들의 재산과 보물을 덮쳐서 먹어 버리도록 하기 위해 불에 큰 힘을 주셨다. 그리고 같은 목적으로 폭풍우에도 힘을 주셨다.

하지만 그 가운데에서도 하느님이 내리신 가장 무거운 벌은 아마도 빠빠라기의 마음속에 공포심을 심어 주었다는 사실이리라. 빼앗아 온 것을 잃지나 않을까 하는 불안. 빠빠라기는 절대로 깊은 잠을 잘 수 없게 되었다. 낮에 모아 온 것을 밤에 빼앗기지 않도록 정신을 바짝 차리

고 있지 않으면 안 되기 때문이다. 그는 언제 어디에서든 자기의 〈내 물건〉 때문에 고생하고 신경을 쓰지 않으면 안 된다. 온갖 〈내 물건〉은 빠빠라기를 괴롭히고 비웃으면서 이렇게 말한다.

「너는 나를 하느님에게서 훔쳤다. 그러니까 나는 너를 괴롭히고 큰 고통을 줄 것이다.」

하지만 하느님은 공포보다도 훨씬 더 무서운 벌을 빠빠라기에게 주셨다. 투쟁이라는 벌. 〈내 물건〉이 아주 조금밖에 없거나 전혀 없는 사람과, 그것을 많이 갖고 있는 사람 사이에 싸움이 일어나도록 하셨다. 이 싸움은 격심하고 고통스럽고 밤낮도 없다. 이 싸움은 오만 사람을 다 괴롭힌다. 삶의 기쁨을 씹어 으깬다. 가진 자는 나눠 줘야만 하는데도, 그러려고 하지 않는다. 그렇다고 갖지 못한 자가 하느님의 뜻을 받들어 싸우는 전사戰士인가 하면 그렇지도 않다. 그들은 다만 약간 늦게 와서 약탈에 미처 가담하지 못했거나, 아니면 운이 좀 나빴거나, 기회가 없었거나 했을 뿐이다. 약탈의 대상이 하느님이라는 사실을 깨달은 자는 극히 드물다. 모든 것을 하느님의 손에 되돌려 드려야 한다는 하느님의 가르침을 듣는 자도 좀처럼 없다.

오, 형제들이여. 이런 인간을 어떻게 생각하는가? 사모아의 한 마을 사람 전부가 들어갈 수 있을 만큼 큰 오두막집을 갖고 있으면서도, 나그네에게 단 하룻밤의 잠자리도 내주지 않는 사람. 이러한 사람을 어떻게 생각하는가? 바나나를 한 아름 끌어안고서는 바로 눈앞의 굶주린 사람이 애걸을 하는데도, 단 하나도 나눠 주려고 하지 않는 사람. 나는 너희들의 눈에 노여움이, 입술에 경멸하는 빛이 떠오르고 있는 것을 본다. 그렇다. 이것이 언제나 빠빠라기가 하는 짓이다. 설령 백 장의 거적을 갖고 있을지라도, 가지지 못한 자에게 한 장도 주려고 하지 않는다. 주지 않는 것까지도 좋은데, 심지어 거적도 없느냐며 비난하고, 거적이 없는 것은 갖지 못한 사람의 탓이라고 괜한 말을 하기도 한다. 설령 오두막집의 천장 꼭대기까지 넘칠 만큼의 먹거리가 쌓여 있어도, 그와 아이가^{가족} 한 해 내내 먹어도 다 먹지 못할 정도여도, 먹을 것이 없어 굶주려서 핼쑥해진 사람을 찾아 나서려고는 하지 않는다. 멀리도 아니고 바로 가까이에 수많은 빠빠라기가 굶주림으로 핼쑥해져 서 있는데도 말이다.

　야자나무는 익으면 저절로 잎을 떨어뜨리고, 열매를 떨어뜨린다. 그러나 빠빠라기는 잎도 열매도 떨어뜨리지 않으려고 기를 쓰는 야자나무처럼 살아가고 있다.

　「이건 내 물건이다! 가져가면 안 돼! 먹으면 안 돼!」

어떻게 해야 야자나무가 새로운 열매를 맺겠는가. 야자나무는 빠빠라기보다도 훨씬 현명하다.

 우리들 가운데에도 남보다 많은 물건을 가진 사람이 많이 있고, 많은 거적이랑 돼지를 갖고 있는 추장에게 경의를 표한다. 이런 점에서는 빠빠라기와 크게 다를 게 없어 보인다. 하지만 우리들의 경의는 추장이라는 사람을 향한 것이지 거적이나 돼지를 향한 것이 아니다. 왜냐하면 그것들은 우리들의 기쁨을 나타내고 추장의 용기와 지혜를 찬양하기 위해서 우리들이 아로파^{선물}로 그에게 선사한 것이니까. 그러나 빠빠라기는 그 형제의 거적이나 돼지의 수를 칭송한다. 용기와 지혜는 아무래도 좋다. 거적이나 돼지를 갖고 있지 않은 자는 아주 조금밖에, 혹은 전혀 존경을 받지 못한다.

 거적이나 돼지가 스스로 가난한 사람, 굶주린 사람들을 찾아가지는 못할 것이며, 빠빠라기도 또 그것을 자신의 형제들에게 나눠 줄 생각은 하지 않는다. 빠빠라기가 존경하고 있는 것은 그 형제들이 아니고, 각자가 갖고 있는 거적이나 돼지의 숫자이기 때문에, 아무래도 그것을 내놓을 수가 없는 것이다. 만약에 빠빠라기가 그 형제들을 사랑하고 존경하며, 그리고 〈내 물건, 네 물건〉의 쟁탈로 싸움질을 하지 않는다면, 형제들에게 자신의 거적을 가지고 가서, 자기들의 많은 〈내 물건〉을 나눠 가질 것이다. 형제들을 밤의 어둠 속으로 밀어내지 않고 자신의 거적을 나눠 쓸 것이다.

그렇지만 빠빠라기는 이해하지 못한다. 하느님이 우리들에게 야자, 바나나, 맛있는 타로 토란, 숲에 사는 모든 새, 바다의 모든 물고기를 주셨다는 사실을. 그리고 우리들 모두가 그것을 기뻐하고 행복으로 받아들이지 않으면 안 된다는 사실을. 하느님은 결코 우리들 중의 몇몇 사람만 행복을 누리고 나머지 사람들은 가난과 부족함으로 고통받도록 하지 않으셨다.

하느님에게서 많은 물건을 받으면 형제들에게도 나눠주어야 한다. 그렇게 하지 않으면 물건은 손아귀에서 썩어 버린다. 하느님의 많은 손은 모든 인간을 향해 뻗어 있으며, 누군가 한 사람만 지나치게 많은 물건을 갖는 것은 절대로 하느님의 마음에 어긋나는 일이다. 더구나 누군가 이렇게 말한다면 이것도 하느님의 마음에 어긋나는 일이다.

「나는 양지에 있겠다. 너는 음지로 가라.」

우리 모두가 양지에 가 있어야 한다. 하느님이 올바른 그 손으로 모든 것을 지탱하고 계시는 한, 싸움도 없거니와 고통도 없을 것이다. 교활한 빠빠라기는 이렇게 말해서 우리들을 속이려고 한다.

「하느님의 것이란 아무것도 없다. 네 수중에 들어온 물건은 네 것이 된다.」

그러한 어리석은 말에 귀를 기울이지 않으리라. 올바른 지혜에 귀를 기울이자. 모든 것은 하느님의 것이다.[1]

---

1 우리의 소유 개념에 대한 추장 투이아비의 경멸적인 언사는, 사모아의 원주민이 완전한 공유재산제 아래에서 생활하고 있다는 사실을 아는 사람이라면 충분히 이해할 수 있을 것이다. 그곳에는 사실 우리들이 사용하는 뜻에서의 〈내 것〉, 〈네 것〉이라는 개념이 없다. 내가 그곳을 여행할 때마다, 원주민은 당연하다는 듯 내게 숙소를, 잠잘 때 필요한 거적을, 식사를, 그리고 필요한 모든 것을 나눠 주었다. 그리고 추장은 다음과 같은 말로 나를 맞이하곤 했다. 〈내 물건은 네 물건.〉 도둑질을 한다는 개념도 그 섬의 사람들에게는 없는 것이다. 모든 것은 모두의 것이며, 모든 것은 하느님의 것이다. — 에리히 쇼이어만

위대한 마음은 기계보다도 억세다

위대한 마음은 기계보다도 억세다

빠빠라기는 여러 가지 물건을 만들어 낸다. 우리들로서는 도저히 만들 수 없는, 아무리 해도 이해가 되지 않는 것뿐으로, 우리들의 머리로는 다만 묵직한 돌로밖에 생각되지 않는 그런 물건들을 만들어 낸다. 그들이 만들어 내는 물건들은, 암만 봐도 우리들이 탐을 낼 만한 물건은 아니지만, 어쩌면 우리들 중 마음 약한 사람들은 그러한 물건들 앞에서 마비되어 버리거나, 잘못하여 굴복하고 말는지도 모른다. 그렇다고 두려워하지는 말고 빠빠라기의 놀라운 재주를 끝까지 알아보기로 하자.

빠빠라기는 어떠한 물건이라도 자신의 창, 자신의 곤봉

으로 바꾸는 힘을 지니고 있다. 세찬 번개를, 뜨거운 불을, 그리고 소용돌이치는 급류를 잡아서 자기 뜻대로 다룬다. 그것들을 억지로 가둬 놓고 명령을 내린다. 그러면 그것들은 순순히 명령을 따르고, 빠빠라기의 가장 강한 전사戰士가 된다. 세찬 번개를 더욱 빠르고 밝게 하고, 뜨거운 불을 더욱 뜨겁게 하며, 소용돌이치는 물의 기세를 더욱 세차게 하는 중대한 비밀을 빠빠라기는 알고 있다.

빠빠라기는 정말로 하늘을 찢고 온 사람,[1] 하느님의 사자인 것처럼 보인다. 자기들 멋대로 하늘과 땅을 지배하니 말이다. 그는 물고기가 되고, 새가 되고, 벌레가 되고, 그리고 동시에 말이 된다. 대지에 구멍을 파고, 대지를 뚫어 버린다. 가장 넓은 강의 밑을 뚫고 나가고, 산도 바위도 비집고 앞으로 나간다. 발에 쇠로 만든 수레바퀴를 달고, 가장 빠른 말보다도 더 빠르게 돌진한다. 빠빠라기는 하늘에 오른다. 날아갈 수도 있다. 나는 빠빠라기가 갈매기처럼 하늘을 나는 것을 본 적이 있다. 빠빠라기는 거

---

1 사모아인들이 백인이나 이방인을 빠빠라기, 즉 〈하늘을 찢고 온 사람〉으로 부르게 된 경위는 이러하다. 사모아 섬을 최초로 방문한 유럽의 선교사들은 돛배를 타고 있었다. 사모아인들은 멀리서 다가오는 그 흰 돛을 하늘에 뚫린 구멍이라고 생각했다. 그리고 그 구멍을 통해서 유럽인이 사모아 섬을 찾아오는 것이라고 믿었다. ― 에리히 쇼이어만

대한 카누를 가지고 바다를 달린다. 큰 바다 밑을 달리는 카누도 가지고 있다. 빠빠라기는 카누를 타고 구름과 구름 사이를 오가기도 한다.

사랑하는 형제들이여, 나는 내 자신의 말에 대해 진실의 맹세를 한다. 내가 하는 말이 거짓말처럼 들리겠지만, 너희들은 너희들의 종인 나의 말을 믿지 않으면 안 된다. 빠빠라기가 만드는 물건은 참으로 놀라운 것이어서, 그러한 힘을 눈으로 직접 보게 되면, 우리들 중에서도 마음이 약해지는 자가 숱하게 나올는지 모른다. 나는 그것이 두렵다. 이제부터 이야기를 시작하겠다. 내가 눈으로 보고 놀랐던 일들을 그대로 모두 너희들에게 알리리라.

너희들 모두는, 흰 사람이 〈증기선〉이라 부르는 커다란 카누를 알고 있을 것이다. 그것은 거대하고 무서운 물고기라고 말할 수 있을 것이다. 이 흉측한 물고기가 어떻게 가장 굳센 우리 젊은이들이 젓는 카누보다 훨씬 빠르게 이 섬에서 저 섬으로 건너다닐 수 있을까? 이 거대한 카누가 달리고 있을 때 그 꽁무니를 눈여겨보면, 거기에 커다란 꼬리지느러미가 붙어 있는 것을 볼 수 있다. 이것은 마치 물고기 꼬리지느러미처럼 물을 치면서 움직인다. 이 커다란 지느러미가 커다란 카누를 앞으로 나아가게 하는 것이다. 이 일이 가능하다는 데에 빠빠라기의 중대한 비

밀이 있다. 이 비밀은 거대한 물고기의 뱃속에 있다. 거기엔 커다란 꼬리지느러미에 커다란 힘을 주는 〈기계〉가 들어 있다. 기계, 바로 이것에 커다란 힘이 숨겨져 있다. 기계란 무엇인가. 내 머리의 힘으로는 설명하기가 어렵다. 그러나 이것만은 알고 있다. 기계가 검은 돌을 먹고 힘을 만든다는 것이다. 인간으로서는 도저히 낼 수 없는 그러한 큰 힘을.

기계는 빠빠라기의 가장 억센 곤봉이다. 원시림에서 가장 튼튼한 이피나무를 빠빠라기에게 주면 어떻게 될 것 같은가. 기계의 손은 어머니가 아이에게 타로 토란을 으깨어 주듯이 나무의 몸통을 때려 부술 것이다. 기계는 유럽의 대마술사다. 그 손은 억세고 지칠 줄을 모른다. 하고자 마음만 먹으면 하루에 타노아네 발 달린 나무 접시를 백 개, 천 개도 만든다. 나는 기계가 두렁이를 짜는 것을 본 적이 있다. 그 천은 처녀들의 손이 섬세하게 짜내는 것만큼이나 아름답고 우아했다. 기계는 아침부터 밤까지 짜기를 계속하여, 커다란 언덕만큼 많은 양의 두렁이를 만들었다. 기계의 놀라운 힘에 비한다면, 우리들의 힘은 부끄럽고 초라하다.

빠빠라기는 마술사다. 네가 노래를 부르면 빠빠라기는 그 노래 소리를 붙잡아 두었다가, 언제라도 너 좋은 시간에 다시 네게 돌려준다. 그런가 하면, 네 앞에 유리판을 들이대어 네 모습을 붙잡아 옮겨 놓는다. 그리고 거기서 네가 원하는 만큼, 천 번이라도 네 모습을 꺼낸다.

그런데 이보다 더 이상한 일을 나는 보았다. 나는 빠빠라기가 하늘의 번개를 잡는다고 말했었다. 그건 정말이다. 빠빠라기는 번개를 잡는다. 기계가 그것을 받아먹고, 씹어 으깨서, 밤이 되면 수많은 작은 별, 반딧불, 작은 달로 만들어서 토해 낸다. 밤에 환한 빛을 흩뿌려서 우리들의 섬을 낮처럼 환하게 밝히는 것 정도의 일은 빠빠라기에게 바나나 껍질 벗기기보다 쉽다. 빠빠라기는 또 번개를 자기의 목적을 위해 멀리 보내기도 한다. 번개에게 길을 알려 주고는 멀리 있는 형제에게 소식을 가져가게 한다. 번개는 그 명령에 따라 그 소식을 가지고 간다.

빠빠라기는 몸 전체를 한층 억세게 만들었다. 손은 큰 바다를 건너서 별에까지 닿고, 발은 바람이나 파도보다 빠르다. 귀는 사바이 섬 전체의 어떤 작은 속삭임도 듣고, 목소리에는 새처럼 날개가 있다. 눈은 밤에도 보인다. 너의 몸속도 마치 물속을 들여다보듯이 훤히 보고는, 그 속에 무슨 위험한 물건이 있든지 몽땅 찾아낸다.

너희들에게 알려 준 이 모든 일들은, 내가 보고 입을 짝 벌렸던 일들의 아주 일부분에 지나지 않는다. 내 말을 믿고 더 들어 주기 바란다.

빠빠라기는 항상 새롭고, 더 엄청난 기적을 이루어 내려는 공명심에 불타 있다. 많은 사람들이 밤까지 책상 앞에 앉아서, 어떻게 하면 하느님에게서 승리를 잡아 딸 수 있을까 하고 머리를 짜내고 있다. 그들이 바라는 것은 이런 일들이다. 빠빠라기는 노력해서 하느님이 되고자 하는 것이다. 위대한 마음을 쳐부수고 그 힘을 자기 것으로 만들고자 하는 것이다.

하지만 하느님은 여전히 가장 위대한 빠빠라기나 기계보다도 더욱 크고 더욱 강하다. 하느님은 여전히 누가 언제 죽어야 한다는 것을 몸소 정하시고, 해와 달과 물과 불도 여전히 하느님을 섬기고 있다. 그리고 빠빠라기 중의 어느 한 사람도 달돋이나 바람 방향을 자기 뜻대로 결정하여 바꿔 놓을 능력을 지니진 못했다.

빠빠라기의 능력에 이러한 한계가 있는 한, 빠빠라기가 만들어 내는 기적에 대단한 의미는 없다. 사랑하는 형제들이여, 어떤 인간을 변변치 못한 인간이라 하는지 아는가? 우리들 중에서 누가 빠빠라기의 이러한 기적에 완전히 굴복한다면, 빠빠라기가 만든 물건 때문에 그들을 우러러 받든다면, 그리고 자신의 손과 머리로 그들과 같은 재주를 부릴 수 없으니 자신은 한심하고 가치가 없다고 말한다면, 바로 그 사람이 변변치 못한 사람이다. 빠빠라기의 수수께끼 같은 일들과 재주는 확실히 우리들의 눈을 놀라게 하지만, 그것을 밝은 눈으로 꼼꼼히 들여다보면, 한 자루의 곤봉을 깎아 만들거나 한 장의 거적을 짜는 것과 다를 바가 없다. 그 모든 것은 어린이의 모래 장난에 지나지 않는다. 빠빠라기가 만든 것 중에 조금이라도 위대한 마음의 기적과 견줄 만한 것은 단 하나도 없으니까 말이다.

〈궁전〉이라 불리는 신분이 높은 아리이^{신사}들의 오두막집은 호화롭고, 거대하고, 아름답게 장식되어 있다. 하느님의 제사를 지내기 위해 세워진 거룩한 오두막집은 더욱 아름답다. 어떤 것은 토푸아 산 꼭대기보다 높다. 그럼에도 불구하고 이 모든 것들은, 불처럼 타오르는 꽃을 피우는 히비스커스 꽃나무와 견주어 봐도, 야자나무 가지 끝과 견주어 봐도, 또 빛깔도 모양도 눈이 부신 산호의 숲과 견주어 봐도, 도대체가 조잡하고 야만스럽고, 살아 있는 피의 따스함이 없다. 빠빠라기는 아직도 하느님이 거미를 시켜 짜게 하신 것만큼 아름다운 두렁이를 짠 적이 없으며, 기계 또한 우리들의 오두막집에서 우리와 같이 사는 저 작은 모래개미만큼도 아름답고 정교하게 일하지는 못한다. 빠빠라기가 새처럼 이 구름에서 저 구름으로 날아간다고 나는 말했었다. 하지만 갈매기는 그들보다 훨씬 높이, 빠르게 날며, 게다가 어떠한 폭풍우 속에서도 날 수 있다. 그리고 갈매기의 날개는 몸에 돋아 있는데, 빠빠라기의 날개는 가짜이기 때문에 곧 찢어져 추락하고 만다.

이처럼 그들의 기적에는 어딘가 잘 드러나지 않는 어설픈 데가 있고, 기계는 감시자와 감독자가 없으면 일하려고 하지 않는다. 그리고 어느 기계나 그 뱃속에 비밀의 저주를 간직하고 있다. 가령 기계가 힘센 손으로 어떤 물건이라도 만들어 낸다곤 해도, 기계는 그 일을 하면서, 우리들이 손수 물건을 만들 때 담기는 애정을 잡아먹어 버린다. 그래서 기계가 만든 카누도 곤봉도 내게 있어서는 피가 통하지 않는, 무정한 물건에 지나지 않는다. 그것은 완성되더라도, 자기를 만든 사람의 노고에 대해서 말해 주지도 못하고, 미소 짓지도 못한다. 우리는 그것을 부모에게 바쳐서 기쁘게 해드릴 수도 없다. 기계가 내 타노아를 내가 알지도 못할 엉뚱한 곳에서 수도 없이 만들어 내었는데, 내가 무슨 수로 그것을 나의 타노아로 사랑해 주는가. 내가 어떻게 사랑해 줄 수 있는가. 기계가 뭐든지 당장에 고쳐 만들 수 있기 때문에, 빠빠라기는 이제 어떤 물건에도 사랑을 품을 수 없게 되었다. 그것이 바로 기계가 지니고 있는 커다란 저주인 것이다. 사랑이 없는 기적을 누리기 위해서, 빠빠라기는 자신의 마음을 기계에게 먹히지 않으면 안 된다.

위대한 마음은 하늘과 땅의 가지각색의 힘을 몸소 정하고, 몸소 판단하신 바에 따라서 그것을 나누어 준다. 이러한 일들이 일찍이 인간의 권한이었던 적은 없다. 빠빠라기는 물고기나, 새나, 말이나, 지렁이 등이 되고자 하는데, 그런 일에 벌이 뒤따르지 않을 리가 없다. 빠빠라기가 스스로 자랑하는 만큼의 이득은 없는 것 같다. 예컨대 내가 말을 달려서 마을을 빠져 나간다고 하자. 아마 빨리 가기는 할 것이다. 하지만 만약에 내가 어슬렁어슬렁 걸어서 간다면, 여러 가지를 구경할 수도 있고, 친구가 내게 말을 걸어서 자기 집으로 불러들일 수도 있을 것이다. 목적지에 빨리 도착하는 것이 대단한 이득이 되는 것도 아니다. 이득이란 그런 것이 아니다. 빠빠라기는 언제나 빨리 도착하는 일만을 생각하고 있다. 그들이 만들어 낸 기계의 대부분은 목적에 빨리 도달하는 것만을 생각하고 있다. 빨리 도착하면 또 다시 새 목적이 빠빠라기를 부른다. 이리하여 빠빠라기는 한평생 쉬지 않고 계속해서 달린다. 어슬렁어슬렁 걸으면서 헤매는 즐거움을, 또 예기치 않았던 목표와 맞닥뜨리게 되는 기쁨을 그들은 완전히 잊고 말았다.

그러한 까닭에 나는 너희들에게 이렇게 말하고자 한다. 기계가 덩치 큰 흰 아이들의 멋진 장난감일지는 몰라도, 거기에 담긴 온갖 술법도 우리들을 놀라게 할 수는 없다. 빠빠라기는 아직 한 번도 죽음을 쫓아 버리는 기계를 만들지는 못했다. 빠빠라기는 하느님이 모든 순간에 행하고 만드신 것보다 큰 것을 행하거나 만든 적이 없다. 어떤 기계도, 기술도, 요술도 사람의 목숨을 연장시킨 적이 없고, 사람들을 즐겁게, 행복하게 한 적도 없다. 그러므로 우리들은 하느님의 경이로운 힘과 오묘한 조화만을 굳게 믿되, 하느님인 체하는 저 빠빠라기들을 경멸해야 한다.

빠빠라기의 직업에 대해서
그리고 그것 때문에 그들이
얼마나 혼란스러워하고
있는가에 대해서

빠빠라기의 직업에 대해서

그리고 그것 때문에 그들이

얼마나 혼란스러워하고

있는가에 대해서

빠빠라기라면 누구나 〈직업〉이란 것을 가지고 있다. 직업이란 무엇인가, 그것 참 설명하기 어려운 일이다. 즐거워서, 그리고 신이 나서 해야 하는데, 대개는 조금도 내키지 않으면서 하는 그 무엇, 그것이 직업이 아닌가 한다. 빠빠라기는 〈직업을 가진다〉라는 말을 쓰는데, 그것은 언제나 한 가지 일, 똑같은 일을 되풀이한다는 뜻이다. 눈을 감고 있어도, 전혀 긴장하지 않아도 할 수 있을 때까지 몇 번이고 그것을 되풀이한다. 예컨대 내가 오두막집을 짓는다든가 거적을 뜨는 외에는 아무 일도 하지 않는다고 하자. 그러면 내 직업은 오두막집 목수, 혹은 거적뜨기가 되는 것이다.

직업에는 남자의 것과 여자의 것이 있다. 물가에서 빨래를 한다든가, 발껍질에 광을 낸다든가 하는 일은 여자의 직업이고, 바다에서 카누를 달린다든가, 대숲의 비둘기를 잡는다든가 하는 일들은 남자의 직업이다. 여자는 결혼을 하면 대개 직업을 그만 가지고, 남자는 결혼을 하면 비로소 직업에 힘쓴다. 구혼자가 어엿한 직업을 갖고 있지 않으면, 아리이^{신사}는 딸을 주지 않는다. 직업이 없는 빠빠라기는 결혼할 수가 없다. 흰 사람은 누구나 직업을 가져야 하며 가지지 않고는 배기질 못한다.

그래서 빠빠라기는 몸에 문신을 할 나이가 되기 훨씬 전부터, 죽을 때까지 무슨 일만을 할 것인지 결정하지 않으면 안 된다. 이것을 가리켜 〈직업을 선택한다〉고 한다. 이것은 그들에게 매우 중요한 일이며, 아이가^{가족}는 다음 날 무엇을 먹을까 하는 문제만큼이나 자주 심각한 얼굴로 이 일에 대해서 의논한다. 만약에 거적뜨기를 직업으로 선택하게 되면, 아버지 아리이는 아들 아리이를 거적뜨기 말고는 아무것도 하지 않는 사나이한테로 데리고 간다. 이 사나이는 이 젊은이에게 거적 뜨는 재주를 가르치고, 젊은이는 혼자서 뜨게 될 때까지 이 사나이에게서 거적 뜨는 재주를 배우지 않으면 안 된다. 이 일에는 긴 시간이 걸릴 수도 있다. 젊은이는 일을 다 배우고 나면 바로 이 사나이 곁을 떠나게 되는데, 이때가 되어야 겨우 직업을 가졌다는 말을 듣게 된다.

만약 빠빠라기가 한참 뒤에 〈거적뜨기보다 오두막집 짓는 직업을 선택했더라면 좋았을 걸〉 하고 생각하면, 사람들은 이렇게 말한다.

「저 사람은 직업을 잘못 선택했다.」

이 말은 우리들 말로 화살을 잘못 쏘았다는 것과 같은 뜻이다. 이것은 매우 괴로운 일이다. 왜냐하면 간단하게 다른 직업으로 바꾸는 것은 빠빠라기의 습관을 어기는 일이기 때문이다. 게다가 〈나로서는 그 일을 할 수가 없다. 그 일은 하고 싶지 않다〉라든가, 〈그 일은 아무래도 마음이 내키지 않는다〉라는 식의 말을 한다면, 그것은 적어도 진정한 빠빠라기에게 있어서는 명예를 저버리는 일인 것이다.

빠빠라기의 사회에는 바닷가의 모래만큼이나 많은 종류의 직업이 있다. 하찮은 일에서도 직업은 만들어진다. 만일 어떤 사람이 낙엽을 긁어모은다면, 그것이 하나의 직업이 된다. 어떤 사람이 접시를 깨끗이 닦는다면, 그것도 하나의 직업이 된다. 뭐든지 직업이 된다. 손을 쓰는 일도 직업이 되지만, 머리를 쓰는 일도 마찬가지다. 생각하는 일도, 별을 바라보는 일도 직업이 된다. 사람이 할 수 있는 일이라면 뭐든지 직업으로 만들어 버린다.

어떤 흰 사람이 이렇게 말한다고 하자.

「나는 툿시 툿시[1]다.」

그러면 이것이 그 사람의 직업이 되며, 남을 위해 편지를 쓰는 일 외엔 아무 일도 하지 않는다. 자기 잠자리 거적을 횃대에 걸어 놓는 일도, 요리 오두막에서 감자를 굽는 일도, 밥그릇을 씻는 일도 하지 않는다. 물고기를 먹지만, 낚시질하러 가지는 않는다. 열매도 먹긴 하지만, 열매를 따러 가는 일은 없다. 그는 남을 위해 툿시를 쓴다. 왜냐하면 툿시 툿시가 자신의 직업이기 때문에.

정말 그렇다. 이러한 일들은 모두가 저절로 하나의 직업이 된다. 잠자리 거적을 횃대에 거는 일, 감자를 굽는 일, 밥그릇을 닦는 일, 물고기를 낚는 일, 혹은 열매를 따는 일……. 직업을 가질 때 비로소 그 사람이 하는 일이 모든 사람으로부터 인정을 받게 된다.

그러니까 이런 일도 곧잘 일어난다. 대개의 빠빠라기는 직업으로 하는 일 외에는 아무 일도 하지 못한다. 머리는 지혜로 넘치고, 팔은 힘으로 가득 차 있는 최고의 추장이 자신의 잠자리 거적을 횃대에 걸어 놓는 일을 못 하는가

---

[1] 툿시는 편지. 툿시 툿시는 편지를 쓰는 사람.

하면, 자신의 밥그릇을 씻는 일도 못 하는 것이다. 또 이런 일도 일어난다. 각양각색으로 툿시를 쓸 수 있는 사람이 바다에서 카누를 저을 만한 힘이 없기도 하고, 그 반대의 현상도 일어날 수 있다. 직업이란 것은 요컨대 이러하다. 단지 달릴 뿐, 단지 맛볼 뿐, 단지 냄새를 맡을 뿐, 단지 전투를 할 뿐이라는 식으로 언제나 한 가지 일밖엔 하지 못한다는 것이다. 하지만 할 수 있는 일이 오직 하나뿐이라는 이 능력에는 커다란 결함과 커다란 위험이 있다. 왜냐하면 누구라도 한 번쯤은 어쩔 수 없이 바다에서 카누를 저어야만 할 때가 있을 것이기 때문이다.

위대한 마음이 우리들에게 손을 주신 것은, 나무 열매를 비틀어 따기도 하고 늪지대에서 타로 토란 줄기를 잡아 뽑기도 하라고 주신 것이다. 온갖 적으로부터 몸을 지키라고, 춤과 놀이 그 밖의 모든 즐거움을 누리라고 주신 것이다. 단지 오두막집을 짓기만 하라고, 나무 열매를 비틀어 따기만 하라고, 토란 줄기를 뽑기만 하라고 손을 주시지는 않았다. 언제 어디서든 손은 우리들의 하인 구실을 다해야 하며 또 전사戰士가 되지 않으면 안 된다.

빠빠라기는 이런 사실을 이해하지 못한다. 하지만 그들이 하고 있는 일이 잘못이라는 사실, 전적으로 잘못이며 위대한 마음의 모든 율법을 어기고 있다는 사실은 이런 흰 사람들을 보면 분명히 알 수 있다. 직업 때문에 언제나 몸을 움직일 수가 없어서 푸아아^(돼지·욕심쟁이)처럼 아랫배에 기름덩어리가 붙어서 달릴 수 없게 된 사람. 음지에 앉아서 톳시를 쓰는 외에 아무 일도 하지 않고 단지 붓대만 잡고 있다 보니, 이제 와서는 창을 들어 올리는 일도 창을 던지는 일도 할 수 없게 된 사람. 별을 바라보거나, 생각에 잠겨 머리를 짜내기만 하다 보니, 이제 와서는 야생마를 모는 일을 할 수 없게 되어 버린 사람.

빠빠라기가 어른이 되면 금세, 아이들처럼 나는 듯이 휘달리거나 뛰어오르거나 하는 일은 하지 못하게 된다. 바람에 떠밀리기라도 하는 양 어기적어기적 걷고, 마치 무엇인가에 방해받기라도 하는 양 언제나 어정뜨게 움직인다. 그러면서도 이 무기력함을 인정하려 하지 않고, 이런 식으로 말을 꾸며 댄다.

「달리거나, 나는 듯이 휘달리거나, 뛰어오르거나 하는 것은 점잖은 어른이 갖춰야 할 예의에 어긋나는 일이다.」

말은 그렇게 하지만, 이건 위선적인 변명이다. 실제로 그들의 뼈는 굳어져서 뜻대로 움직이지 않게 되었고, 모든 근육이 기쁨을 잃었다. 뼈도 근육도 잠과 죽음의 나라로 쫓겨나 버린 것이다. 직업으로 인해서. 직업은 생명을 멸망시키는 아이투^(악마·악령)다. 사람들 귓전에 아름다운 말을 속삭이면서, 실은 몸에서 피를 빨아 들이고 있는 아이투다.

그뿐만 아니다. 직업은 또 다른 방법으로 빠빠라기를 해치고, 또 다른 면에서도 아이투의 본색을 드러낸다. 가령 오두막집을 세우는 즐거운 일을 생각해 보자. 숲에서 나무를 베어 기둥을 만든다. 그런 다음에 그 기둥을 세우고, 그 위에 지붕을 얹고, 기둥과 들보와 그 밖의 이것저것을 야자 동아줄로 묶고, 마지막에 마른 사탕수수 잎으로 지붕을 인다. 마을 사람들이 총출동하여 추장의 오두막집을 세우고, 아내와 아이들이 한데 모여서 모두가 흥겹게 서로서로 축하하는 것이 얼마나 즐거운 일인지, 내가 새삼스럽게 말할 필요도 없을 것이다.

그런데 만약 마을에서 단 몇 명의 남자에게만 숲에서 나무를 베고 기둥을 만드는 일이 허용된다고 한다면, 그때 너희들은 뭐라고 말할까? 그리고 이 몇 명의 사나이들은 나무를 베어 기둥으로 다듬는 것만이 직업이니까 그 기둥을 세우는 일을 거들어서는 안 된다고 한다면? 그리고 또 기둥을 세우는 사람은 기둥을 세우는 것만이 직업이니까 지붕의 얼거리를 짜서는 안 된다고 한다면? 그리고 또 지붕의 얼거리를 짜는 사람은 얼거리를 짜는 것만이 직업이니까 사탕수수 잎으로 지붕 이는 일을 거들어서

는 안 된다고 한다면? 그리고 이들 모든 사람들은 자신의 직업 외에 다른 일을 하는 것이 금지되어 있으므로 바닷가에서 둥근 자갈을 가지고 와서 오두막집 마당을 단장하는 일을 거들어서는 안 된다고 한다면? 그리고 오두막집의 낙성을 축하하는 잔치에 오두막집을 세운 사람들 전부가 참여하지 못하고 그 집 안에 살 사람들만 참여한다면? 너희들은 웃고 있다. 그래, 너희들은 속으로 틀림없이 이런 말도 하겠지.

〈만약 우리들이 단지 한 가지 일밖에는 할 수 없고 남자의 쓸모 있는 힘으로 아무것도 거들어서는 안 된다고 한다면, 기쁨은 절반으로 줄게 될 것이다. 아니, 도대체 무슨 기쁨이 있겠는가?〉

만약 너희들더러 힘을 오직 한 가지 일에만 쓰라고 말하는 놈이 있다면, 너희들은 그놈을 분명히 〈바보 멍청이〉라고 말하겠지. 팔다리나 몸의 감각이 시들어 죽어 버린 것도 아닌데 무슨 소리냐고.

빠빠라기도 실은 이로 말미암아 몹시 어려움을 겪고 있다. 하루에 한 차례쯤, 아니 더 많아서 몇 차례쯤 냇가로 물 길러 가는 것이야 즐거운 일이다. 그러나 동이 틀 때부터 한밤중까지, 날마다 때마다 하염없이 물만 길어야 한다면, 힘이 있는 한 되풀이하고 또 되풀이해서 물만 길어야 한다면, 최후엔 자신에게 채워진 그 수갑과 족쇄에 반란을 일으키고, 그는 노여움 속에서 폭발하고 말 것이다. 마냥 똑같은 일을 되풀이해야 하는 것보다 인간에게 있어서 더 고통스러운 일은 없으니까.

그렇게 날마다 때마다 시냇물을 긷는 일조차도 어떤 빠빠라기의 일에 비하면 엄청나게 즐거운 일이다. 그들은 힘을 쓰고 기쁨이 따르는 그런 일을 하고 싶어도 할 처지가 아니다. 왜냐하면 지금 그들은 등불도 없고 햇빛도 없는 더러운 골방에서 단지 손을 올렸다 내렸다, 막대기를 밀었다 당겼다 하는 일을 마냥 해야 하기 때문이다.

그럼에도 불구하고, 그 손을 올렸다 내렸다 하는 일이나 막대기를 밀었다 당겼다 하는 일이, 빠빠라기의 생각에 따르면, 아무래도 필요하다는 것이다. 그렇게 해야만 팔찌, 목걸이, 가슴에 다는 장식, 두렁이에 다는 단추, 그 밖의 온갖 것을 만드는 기계가 움직이고 규칙적으로 일하게 된다는 것이다.

유럽에는 틀림없이 우리들의 섬에서 자라고 있는 저 야자나무의 숫자보다도 많은 사람이 살고 있는데, 그들의 얼굴은 하나같이 어두운 잿빛이다. 일이 즐겁지 않기 때문에, 직업이 그들의 온갖 기쁨을 빼앗아 버렸기 때문에, 일을 하여도 열매는 고사하고 잎사귀 하나도 만들 수가 없기 때문에.

그래서 직업을 가진 사람들의 마음에는 증오의 불길이 이글이글 타오르고 있다. 마치 사슬에 묶여서 달아나려고 해도 달아날 수 없는 짐승과 같은 심정이다. 그리고 모든 사람들이 남을 원망하거나 남을 헐뜯고, 서로의 직업을 견주어 직업이 귀하다느니 천하다느니 끊임없이 장황하게 말을 늘어놓는다.

모든 직업은 그것만으로는 불완전한 것이다. 왜냐하면 인간은 손만으로, 발만으로, 또는 머리만으로 움직이지 않기 때문이다. 모든 것이 함께 어울려 움직이는 것이 인간이다. 손도 발도 머리도 하나로 어우러지고자 한다. 몸의 전부, 마음의 전부가 함께 움직일 때, 비로소 온전한 기쁨을 느낀다. 하지만 사람 몸의 일부분만 살아 있다고 한다면, 몸의 다른 부분은 모두 죽어 버려야 한다. 이렇게 되면 사람은 엉망진창이 되고, 자포자기가 되며, 병자가 되고 만다.

빠빠라기의 생활은 직업 때문에 엉망진창이 되고 있다. 그렇지만 그 사실에 그들은 신경을 쓰려고 하지 않는다. 그리고 내가 이런 말을 하고 있다는 것을 알게 되면, 그들은 틀림없이 나를 바보라고 잘라 말할 것이다.

「언제 직업을 가져 본 적도, 유럽인처럼 일을 해본 적도 없는 주제에, 당신이 무슨 판단을 할 수 있다고, 마치 심판관이라도 된 기분으로 말하는 거요?」

하지만 빠빠라기는 우리가 왜 하느님이 바라는 것 이상의 일을 해야 하는지에 대해서는 어떤 충실한 대답이나 합당한 이유도 우리에게 내놓은 적이 없다. 양식을 얻고, 비를 가릴 지붕을 올리고, 마을의 큰 마당에서 축제를 즐기는 일, 그 이상의 일을 하느님은 우리에게 요구하시지 않는다. 그들에게는 이런 우리의 일이 작게 보이고, 우리에게 직업이 없다는 것만 크게 보이는 모양이다. 하지만 섬의 많은 정직한 형제들은 기쁨과 더불어 자신의 일을 한다. 절대로 괴로워하면서 하지 않는다. 괴로워하면서 해야 할 일이라면 숫제 하지 않는 편이 낫다. 우리들과 빠빠라기의 차이는 바로 여기에 있다.

빠빠라기는 자기 할 일에 대해 말할 때, 마치 무거운 짐에 꽉 눌려 있는 것처럼 한숨을 쉰다. 그러나 사모아의 젊은이들은 노래를 부르면서 타로 토란 밭으로 서둘러 가고, 처녀들도 노래를 부르면서 흐르는 시내에서 두렁이를 빤다.

위대한 마음은 우리들이 직업 때문에 창백해지고, 두꺼비나 갯가의 벌레처럼 자신을 질질 끌고 다니는 것을 결코 기뻐하시지 않는다. 위대한 마음은 우리들이 모든 행동을 떳떳이 올바르게 할 것을 바라신다. 그리고 언제나 기쁨의 눈과 낭창낭창한 팔다리를 가진 인간이기를 바라고 계신다.

속임수 생활이 있는 장소와

종이 무더기에 대해서

속임수 생활이 있는 장소와

종이 무더기에 대해서

사랑하는 형제들이여, 위대한 바다의 딸들이여, 너희들의 수줍은 종인 나는 하고 싶은 말이 많다. 유럽의 진짜 모습을 너희들에게 전해 주자면, 내 이야기는 밤낮으로 흐르는 급류와도 같이 계속되어야 할 것이다. 그래도 진실의 전부를 남김없이 다 말하지는 못할 것이다. 왜냐하면 빠빠라기의 세계는 처음도 끝도 정확하게는 볼 수가 없는 크고 넓은 바다와 같은 것이기 때문이다. 거기엔 끝없이 이어지는 큰 바다와 마찬가지로 출렁임이 있고, 폭풍우도 있으며, 성난 파도도 있다. 때로는 미소도 있고 꿈꾸는 것과 같을 때도 있다. 이 크고 넓은 바다의 물을 한 사람의 손바닥으로는 도저히 퍼낼 수 없듯, 나도 내 빈약한 지식으로는 끝없이 이어지는 유럽이라는 크고 넓은 바다를 너희들에게 충분히 알려 줄 수가 없다.

하지만 내가 자신 있게 말할 수 있는 것이 있다. 물 없는 바다를 생각할 수 없는 것과 마찬가지로, 〈속임수 생활이 있는 장소〉와 〈종이 무더기〉가 없는 유럽의 생활은 생각할 수가 없다는 사실이다. 만약에 너희가 이 두 가지를 빠빠라기에게서 빼앗아 버린다면, 그들은 아마 거센 파도에 밀려 뭍에 올라온 물고기처럼 되고 만다. 파닥파닥 경련을 일으킬 뿐 헤엄칠 수도 없고, 마음대로 빙빙 돌 수도 없게 된다.

속임수 생활이 있는 장소. 이 장소를 흰 사람은 〈영화관〉이라고 부르고 있다. 이것을 너희 눈으로 직접 보는 것처럼 똑똑히 알 수 있도록 설명해 준다는 것은 어려운 일이다. 유럽에는 곳곳에, 어느 마을에나 이 비밀스러운 장소가 있으며, 사람들은 선교의 집보다도 이곳에 가고 싶어 한다. 벌써 아이들조차도 이 장소에서의 일을 공상하고 온통 마음을 빼앗기고 있다.

영화관이란 것은 우폴루 섬의 대추장이 살고 있는 오두막집보다도 크다. 훨씬 큰 오두막집이다. 오두막집의 내부는 아무리 밝은 낮 동안에도 남을 알아볼 수 없을 만큼 어둡다. 그러니까 이곳으로 들어가면 눈이 보이지 않게 되어 버리고, 또 바깥으로 도로 나올 때엔 더 보이지 않게 된다. 사람들은 몰래 들어가듯이 설금설금 들어가서 손으로 더듬어서 벽을 따라 앞으로 나아간다. 이윽고 작은 불꽃을 손에 든 젊은 여자가 다가와서, 앉을 수 있는 자리까지 끌고 간다. 캄캄한 어둠 속에서 빠빠라기는 옆 사람과 어깨를 바싹 대다시피 하여 앉는다. 아무도 다른 사람을 볼 수가 없다. 어두운 방은 잠자코 앉아 있는 사람으로 가득하다. 사람들은 각자 좁고 작은 널빤지 위에 앉는데, 이 널빤지는 모두 한쪽 벽면을 향해 늘어놓여 있다.

이 벽면의 밑동으로부터, 마치 깊은 골짜기에서 올라오는 듯한 울림소리와 윙윙거리는 소리가 끊임없이 들려온다. 눈이 어둠에 익숙해지면, 한 사람의 빠빠라기가 거기에 앉아서 웬 상자와 싸우고 있는 것이 보인다. 그는 손을 펼쳐 들고, 큰 상자가 무수히 내밀고 있는 희고 검은 작은 혀들을 두드리고 있다.[1] 어느 혀나 큰 소리로 외친다. 두드려 맞을 때마다 하나하나 다른 목소리로 죽는소리를 낸다. 그러니까, 마치 마을에 큰 싸움이 일어났을 때

---

1 피아노 치는 모습을 설명한 것.

처럼, 매우 거칠고 미친 듯한, 째지는 소리가 올라온다.

이 시끌시끌함이 생각하는 힘을 딴 데로 돌리고 약하게 만들기 때문에, 우리들은 눈앞에 보이는 것을 믿어 버리고 그것이 진짜가 아니라는 사실을 의심하지 않는다. 바로 정면의 벽에 마치 강한 달빛처럼 환한 빛살이 비추어지고, 그 빛살 속에 사람이, 진짜 사람이 나타난다. 진짜 빠빠라기와 똑같은 얼굴로, 옷을 입고 움직인다. 이리저리로 왔다 갔다 하기도 하고, 달리기도 하고, 뛰어오르기도 하고, 울기도 하고, 웃기도 한다. 유럽의 어디에서나 볼 수 있는 빠빠라기와 똑같은 몸짓을 한다. 그것은 못에 비치는 달의 그림자와 같다. 그것은 달이다. 그런데, 아니다. 그래, 그것은 꼭 닮기는 했지만 진짜는 아니고 그림일 뿐이다. 그림 사람들이 저마다 입을 움직여 무슨 말을 하고 있는 건 확실한데, 아무 소리도 나지 않고 아무 말도 들리지 않는다. 아무리 귀를 기울여도, 아무리 애를 써도 아무것도 들리지 않는다.

아까 말한 그 빠빠라기가 열중해서 상자를 두드리는 것도 주로 이 때문이다. 그는 자신이 일으키는 시끌시끌함 때문에 그림 사람들의 목소리가 들리지 않는 것인 양, 눈비음의 속임수를 마련해야만 했던 것이다. 그러니까 이따금 벽면에 글자가 나타나서, 방금 빠빠라기가 말한

내용, 혹은 이제부터 말하고자 하는 것을 전한다.[1]

결국 이러한 사람들은 신기루 사람일 뿐, 진짜 사람은 한 명도 없다. 잡으려고 해보면, 그것은 결코 잡을 수 없는 빛에 지나지 않는다는 것을 금방 알게 된다. 신기루 사람들은 빠빠라기에게 모든 기쁨과 슬픔을, 또 어리석음과 약함을 보여주기 위해 거기에 나타난다. 빠빠라기는 건장한 아리이신사와 아리따운 타오포우아름다운 여자를 바로 눈앞에서 본다. 목소리는 들리지 않지만, 몸의 움직임과 눈의 광채는 보인다. 그들은 빠빠라기에게 눈빛을 던지고, 빠빠라기에게 말을 걸고 있는 것처럼 보인다. 여느 때 같으면 감히 얼굴을 쳐다보지도 못할 대추장을 널빤지 위에 태연히 앉아서 만나 볼 수도 있다. 큰 잔치나 포노잔치, 그 밖의 축제, 제전을 보게 되는 경우도 있다. 그러면 빠빠라기는 언제나, 마치 거기에 자신도 참석해서 함께 먹기도 하고 함께 축하하기도 하는 기분이 된다.

하지만 이런 장면을 보는 경우도 있다. 어느 아이가가족의 딸을 빠빠라기가 강제로 떠메고 가는 장면, 혹은 처녀가 연인을 배반하는 장면. 또 이런 장면을 보게도 된

---

[1] 무성 영화가 유성 영화로 바뀐 것은 1930년 무렵으로, 『빠빠라기』의 초판이 발행되고 거의 10년 후의 일이다.

다. 야만스러운 사나이가 부자 아리이의 목을 졸라 죽이고 있다. 사나이가 아리이의 목을 꽉 졸라서 아리이의 눈알이 튀어나오려 한다. 아리이가 죽자 사나이는 아리이의 두렁이에서 둥근 쇠붙이와 묵직한 종이를 탈취한다.

그렇지만, 그렇게 끔찍하거나 유쾌한 장면을 보고 있는 동안 빠빠라기는 꼼짝 않고 조용히 앉아 있어야만 한다. 부정한 처녀를 비난해서도 안 된다. 죽어가는 부자 아리이를 구조하려고 뛰쳐나가도 안 된다. 빠빠라기에게는 그렇게 꾹 참고 있어야 한다는 게 조금도 고통으로 느껴지지 않는 모양이다. 그렇기는커녕, 마치 동정심 따위는 느낄 필요가 없다는 듯이 오히려 크게 기뻐하며 그러한 장면을 보고 있는 것이다. 공포도 혐오도 느끼지 않는다. 모든 것을 꼼짝 않고 응시하고 있다. 마치 딴 사람이라도 된 것처럼. 그것을 태연하게 볼 수 있는 것은 빛 속의 사람들보다 자기가 훨씬 낫고, 지금 보고 있는 것과 같은 어리석은 짓으로부터 자기는 언제나 멀리 떨어져 있다고 굳게 믿고 있기 때문이다.

조용히, 그리고 숨도 크게 쉬지 않고 그들은 그 벽을 응시한다. 그러다가 용맹스러운 사람이나 고귀한 사람의 모습을 거기서 보게 되면, 이번엔 바로 그것을 자기 마음으로 끌어당겨서 이렇게 생각한다.

〈이것은 바로 내 모습이다.〉

그들은 널빤지 자리에 꿈쩍도 않고 앉아서 평평하게 곧추선 넓은 벽을 마냥 응시한다. 벽에서 움직이고 있는 것은 거짓 빛뿐이며, 그것은 등 뒤쪽 벽의 좁은 틈으로 마법사가 던져 넣은 것이다. 그렇기 때문에 거기엔 수없이 많은 속임수 생활이 꿈틀거리고 있다.

진짜 생명을 지니지 않은, 이 속임수의 그림을 자기 마음으로 끌어당기는 일이 빠빠라기에게는 커다란 즐거움이 되었다. 그들은 이 어두운 방 안에서 남이 보고 있다는 수치심을 느끼지도 않고, 속임수 생활에 열중할 수가 있다. 가난한 사람은 부자가 된 체하고, 부자는 가난뱅이가 된 체할 수가 있고, 병자는 자신이 건강하다고 생각하고, 약자는 자신이 강하다고 생각할 수 있다. 누구라도 이 어둠 속에서는 진짜 자신의 생활에서는 체험하지 않은 일, 앞으로도 결코 체험할 수 없는 일을 자기 것으로 만들어서 속임수 생활을 맛볼 수가 있다.

빠빠라기는 대단한 정열을 기울여서 이 속임수 생활에 열중한다. 그 때문에 자신의 진짜 생활을 잊어버릴 정도다. 이 정열은 이제 와서는 병에 가깝다. 왜냐하면 만약에 진짜 인간이라면 어두운 방 안에서의 신기루 따위를 좇으려는 생각을 할 리가 없고, 밝은 태양 아래서의 따뜻한 진짜 생활을 추구할 것이기 때문이다. 이 정열의 결과로, 속임수 생활이 있는 장소에서 바깥으로 나오는 많은 빠빠라기는 이미 속임수와 진짜를 구별하지 못하게 되고, 정신이 혼미해져서 가난한 자신을 부자라고 믿어 버리기도 하고, 추악한 자신을 아름답다고 믿기도 한다. 때로는 실제의 생활에서는 범할 리가 없는 범죄에 대해서도, 이미 진짜와 가짜를 분별할 수 없게 된 나머지, 마치 자신이 그 범죄를 저지른 것처럼 믿어 버리기도 한다. 그것은 유럽 카바 술을 지나치게 마셔서 파도 위를 걷고 있는 듯한 기분이 된 저 술주정꾼의 모습과 흡사하다.

이에 못지않게, 종이 무더기도 빠빠라기에게 일종의 취기와 흥분을 가져온다. 이 종이 무더기란 무엇인가. 타파 풀^{열대의 자생초}로 만든 얇고 하얀 거적을 상상하면 될 것이다. 포개고 접어서 또 접는데, 그 한 장 한 장에 글자들이 꽉 차게 박혀 있다. 정말로 꽉 차 있다. 이것이 바로 종이 무더기인데, 빠빠라기가 부르는 이름으로 말한다면 〈신문〉이다.

이 종이 안에 빠빠라기의 커다란 지혜가 실려 있다. 아침마다 밤마다 빠빠라기는 이 종이 사이에 머리를 처박고서는, 거기에 있는 새로운 것들을 머리에게 꾸역꾸역 먹인다. 그러면 머리에는 여러 가지가 가득 쌓이고, 좋은 생각이 떠오르게 된다. 마치 말이 바나나를 많이 먹고 배가 불러지면 잘 달리는 것과 똑같다.

아리이가 아직 거적에 가로누워 있을 때, 종이 무더기를 이 집 저 집 날라다 주는 직업을 가진 빠빠라기가 그것을 오두막 안으로 던져 넣는다. 졸음을 물리친 아리이가 가장 먼저 하는 일이 종이 무더기를 펼쳐 들고 그 속에 머리를 처박는 일이다. 그러고는 읽는다. 종이 무더기에 씌어 있는 일들을 뚫어져라 들여다본다. 모든 빠빠라기가 똑같은 짓을 한다. 모두가 읽는다. 유럽의 대추장이나 연설가들이 포노에서 무슨 말을 지껄였는지 읽는다. 이런 것 말고도, 얼핏 보아 아주 시시하게 생각되는 일들까지 시시콜콜 씌어 있다. 그들이 몸에 걸치고 있었던 두렁이에 관한 일부터 시작해서, 그 아리이들이 무엇을 먹었는지, 그들이 탄 말의 종류가 무엇인지, 누가 〈코끼리 껍데기 병〉[1]에 걸렸는지, 누구 머리가 모자라는지 등등이.

종이 무더기에 실려 있는 일들을 우리의 섬의 사정에 비겨 말한다면 이런 식이 될 것이다.

「마타우투 섬의 푸레 누우^{판사}는 오늘 아침 기분 좋게

---

[1] 상피병(象皮病)을 말한다. 신체의 조직이 비대해지는 병. 손발이 비정상적으로 부풀어 오른다.

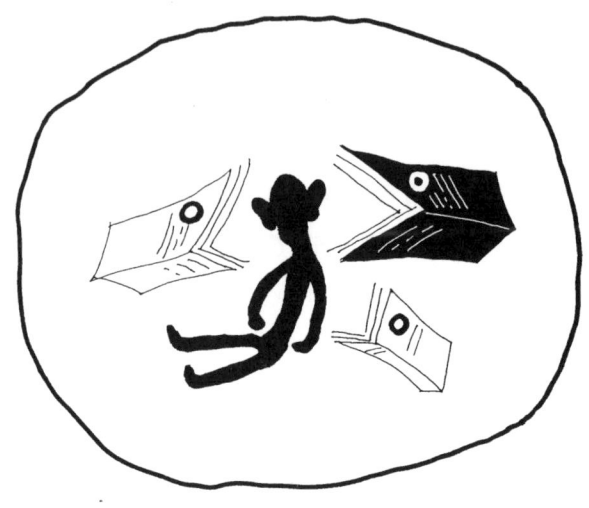

잠에서 깬 뒤에, 간밤에 먹다 남은 타로 토란을 먹고 나서 낚시질하러 갔다. 정오에 다시 오두막집으로 돌아와서, 거적 위에 가로누워 저녁때까지 성서를 읽고 찬송가를 불렀다. 부인인 지이나는 먼저 아이에게 젖을 먹인 다음, 미역 감으러 갔는데, 돌아오는 길에 아름다운 푸아 꽃을 발견하여 그것으로 머리를 장식하고 다시 오두막집으로 돌아왔다. 등등.」

일어난 일들, 사람들이 한 일, 하지 않은 일, 뭐든지 전달된다. 좋은 생각도 나쁜 생각도 모두 전달된다. 우리들이 닭이나 돼지를 잡으면, 또는 새 카누를 완성하면, 그것이 온 섬사람에게 알려지는 것처럼 말이다. 이 넓은 세상에서 벌어진 일이란 일은 깡그리 이 종이가 착실히 쓸어 모아 담는다. 빠빠라기는 이것을 두고 〈모든 것이 정확하게 보도되고 있다〉라고 말한다.

그들은 무슨 일이든지 알고자 한다. 해가 지는 순간부터 다음날 해가 지는 순간까지 그들의 나라에서 생긴 일은 몽땅. 뭐가 빠뜨린 일이 있으면 불같이 역정을 낸다. 빠빠라기는 뭐든지 게걸스럽게 쓸어 모아 담는다. 아무리 슬픈 일일지라도, 또 정신이 바로 박힌 사람이라면 어서 잊어버리고 싶어 할 일일지라도. 그런데 바로 그러한 좋지 않은 일, 사람을 슬픔에 잠기게 하는 일들이 어떤 좋은 일보다도 훨씬 상세하게 전달된다. 좋은 일을 전하는 것보다 나쁜 일을 전하는 편이 훨씬 중요하고 훨씬 기쁜 일이기라도 한 것처럼 시시콜콜.

만약에 네가 〈신문〉을 읽는다면, 아폴리마 섬이나 마노노 섬, 사바이 섬에 가지 않더라도 너의 벗이 무슨 일을 하고, 무슨 생각을 하고, 무슨 잔치를 베풀고 있는가를 훤히 알 수가 있다. 너는 조용히 거적 위에 누워 있기만 하여도 종이 무더기가 뭐든지 지껄여 준다. 이것은 퍽 근사하고 유쾌한 일인 것처럼 보이지만 실은 속임수일 뿐이다. 네가 형제를 만났는데, 둘 다 벌써 종이 무더기 속에 머리를 처박고 있었던 터라, 이제 와서는 뭔가 새롭고 특별한 것을 말하고자 해도 할 말이 없다. 너희들은 모두 입을 다물어 버리거나, 고작해야 종이 무더기가 지껄인 일들을 다시 한 번 되풀이할 뿐이다. 그래도 그것이 근사하고 유쾌한 일이 될 수 있겠는가? 좋은 일이나 궂은 일이 있으면 직접 가서 사람들과 어울려 함께 기뻐하고 함께 슬퍼해야 마땅하지, 멀찍이서 종이에 귀를 기울이기만 해서야 무슨 소용이 있겠는가? 기쁨도 슬픔도 우리 마음 속으로 들어올 수가 없다.

일어난 일이란 일은 깡그리 우리들에게 지껄이는 것 이상으로 신문이 우리를 언짢게 하는 것이 있다. 나라의 대추장에 대해서, 또는 다른 나라들의 추장들에 대해서, 그리고 온갖 사건들과 인간의 온갖 행위에 대해서, 이건 이렇게 생각하고 저건 저렇게 생각하라고 우리들에게 지시를 한다는 점이다. 신문은 모든 사람의 머리를 하나로 통일하고자 한다. 나의 머리, 나의 생각을 정복하려고 한다. 누구에게나 신문은 신문 자신의 머리, 신문 자신의 생각을 강요하려고 한다. 그리고 그것은 잘되어 가고 있다. 네가 아침에 종이 무더기에 머리를 처박고 그것이 하는 이야기를 듣기 시작하면, 점심때쯤에는 다른 빠빠라기의 머릿속에 무엇이 있고, 무슨 생각이 들어 있는지 다 알아 버린다.

 신문도 또 일종의 기계다. 날마다 많은 생각을 만들어 낸다. 한 사람 한 사람의 머리가 생각해 내는 것보다 훨씬 많은 생각을 만들어 낸다. 그렇지만 대개의 생각은 떳떳하지도 야무지지도 않고 부실하다. 이런 생각들을 잔뜩 먹이면 우리들의 머리가 불러지기는 하겠지만, 그렇다고 튼튼해지지는 않을 것이다. 그러니 모래로 머리를 가득 채우는 것과 똑같지 않은가. 빠빠라기는 이렇게 쓸모없는 종이의 양분으로 머리를 넘치게 하고 있다. 하나가 밀려나기도 전에 벌써 새로운 것을 받아들인다. 빠빠라기의 머리는, 자신의 진흙으로 질식할 지경이 되어 있는 맹그로브 늪과 같다. 거기엔 이미 푸성귀도 없고 열매도 없다. 다만 구역질을 유발하는 김이 피어오르고, 몸을 찌르는 벌레들만이 앵앵거리고 있을 뿐이다.

 속임수 생활이 있는 장소와 종이 무더기가 빠빠라기를 지금의 모습으로 만들었다. 비실비실하고 갈팡질팡하는 인간으로, 가짜에 푹 빠져서 진짜가 뭔지도 모르는 인간으로 만들었다. 달의 가짜 그림을 달이라 생각하며, 글자가 박혀 있는 거적을 인생 그 자체라고 생각하는 인간으로 만들고 말았다.

생각이라는 이름의 심각한 병

생각이라는 이름의 심각한 병

〈정신〉이라는 말이 **빠빠라기**의 입에 오를 때, 그들은 눈을 크게 뜨고 한 곳을 응시한다. 그들은 가슴을 펴고 몸통을 바로 하면서 깊이 숨을 몰아쉰다. 적을 쓰러뜨린 전사처럼. 왜냐하면 그들은 이 〈정신〉이라는 것을 특히 자랑으로 생각하고 있기 때문이다. 정신이라고 말하지만, 그것은 선교사가 〈하느님〉이라고 부르는, 저 굳세고 위대한 마음 — 우리들 모두는 그의 빈약한 그림자에 불과하다 — 을 가리키는 말이 아니다. 그것은 인간이 지니고 있는, 인간에게 무엇을 생각하게 하는 작은 마음을 가리키는 말이다.

내가 여기에서 교회 뒤의 망고나무를 본다고 하자. 내

가 단지 보았을 뿐이라면 그것은 정신이 아니다. 그렇지만 나무가 교회보다도 키가 크다는 사실을 똑똑히 알아챘다면 그것은 정신이라고 할 수 있다. 그러니까 그냥 보는 것만으로 그치지 않고 무엇인가를 알아야 한다. 빠빠라기는 뭔가 아는 일의 연습을 해돋이에서부터 해넘이까지 하루 종일 되풀이한다. 그들의 정신은, 말하자면, 화살을 건 활, 물 위에 던져 놓은 낚싯대와 같은 것이다. 그런데 우리 많은 섬들의 형제들은 아는 일의 연습 따위는 전연 한 적이 없다. 그래서 빠빠라기는 우리들을 가리켜 불쌍하다고 한다. 우리들의 정신이 가난하고, 황야의 짐승처럼 어리석다고 말한다.

확실히 우리들은 아는 일의 연습, 빠빠라기의 말을 빌린다면 〈생각한다〉를 별로 하고 있지 않다. 그렇지만, 〈생각한다〉를 별로 않는 것이 어리석은지, 아니면 지나치게 하는 것이 어리석은지, 그것은 의문이다. 빠빠라기는 끊임없이 생각한다. 말하자면 이런 식이다.

〈내 오두막집은 야자나무보다 낮다. 야자나무는 폭풍우에 구부러진다. 폭풍우는 큰소리로 호통을 친다.〉

그들의 격식으로는 이것이 자연스럽다는 것이다. 그들은 또 자기 자신에 대해서도 생각을 한다.

〈나는 날 때부터 키가 작다. 나는 여자를 보면 마음이

들뜬다. 나는 말라가^여행를 아주 좋아한다……〉

　머릿속으로 이러한 놀이를 하기 좋아하는 사람에게 있어서는 생각한다는 것이 확실히 즐겁고 재미있는 일일는지 모른다. 때로 뜻하지 않은 처지에서 쓸모가 있을 수도 있다. 하지만 빠빠라기는 너무나 생각만 한 나머지, 그것이 이제 와서는 아주 버릇이 되었고, 없어서는 안 될 것이 되었으며, 오히려 일종의 의무가 되고 말았다. 그들은 끊임없이 생각을 계속하지 않으면 안 된다. 생각하는 일 말고, 요컨대 몸 전체를 동시에 사용해서 활동한다는 것이 그들로서는 어렵게 되고 말았다. 머리만 깨어 활동하고, 몸의 다른 모든 감각은 완전히 잠들어 있는 경우도 흔히 있는 일이다. 서서 걷고 있어도 마찬가지다. 지껄이고 있어도, 식사를 하고 있어도, 웃고 있어도.

　생각한다는 것, 그리고 사상—이것은 생각의 열매다—은 빠빠라기를 사로잡았다. 그들은 말하자면 자신의 〈사상〉에 취해 있는 것과 같다.

　태양이 아름답게 빛나면 그들은 곧 생각한다.

　〈태양은 어쩌면 저렇게 아름답게 빛나고 있을까!〉

　그들은 끊임없이 생각한다.

　〈태양은 어쩌면 저렇게 아름답게 빛나고 있을까!〉

　이것은 잘못이다. 잘못도 큰 잘못이다. 말도 안 된다.

왜냐하면 해가 아름답게 빛나면 아무것도 생각하지 않는 것이 훨씬 낫기 때문이다. 현명한 사모아인은 따뜻한 햇빛 속에서 팔다리를 쭉 뻗고 그것을 즐길 뿐이다. 아무것도 생각하지 않는다. 머리는 가득히 부딪쳐 오는 햇빛을 즐긴다. 손과 발과 넓적다리와 배, 온몸으로 햇빛을 즐긴다. 생각은 살갗과 팔다리에게 하라고 한다. 살갗과 팔다리도, 머리와는 방법이 다르지만 역시 생각할 줄 안다.

하지만 빠빠라기에게 있어서 생각한다는 것은, 길을 가로막고 누운, 치울 수도 없는 커다란 용암 덩어리와 같은 것이다. 즐거운 일도 생각한다. 하지만 웃지는 않는다. 슬픈 일도 생각한다. 하지만 울지 않는다. 배가 고파도, 타로 토란이나 파루사미^{사모아인이 좋아하는 요리}를 먹지 않는다. 배가 고프다는 생각만 한다. 빠빠라기라는 인간의 내부에서는 욕망과 정신이 으르렁거리며 티격태격하고 있는 것 같다. 그들은 깨져서 둘로 갈라진 인간이다.

빠빠라기의 생활은 이런 식이다. 이를테면 한 사나이가 사바이 섬까지 배를 타고 구경을 간다고 하자. 배가 나루를 떠나자마자, 그는 사바이 섬에 도착하려면 시간이 얼마나 걸릴까 생각한다. 그러고는 배가 사바이 섬에 닿을 때까지 그 생각을 계속하는 것이다. 용케 그 생각이 빨리 끝나도 이내 그는 다른 것을 생각한다. 배가 달리는 동안

줄곧, 주위에 펼쳐지는 아름다운 경치는 보려고도 하지 않는다. 어느덧 왼쪽 해안에 산등성이가 다가온다. 그는 그것을 언뜻 보기만 할 뿐, 생각하는 일을 멈추지 않는다.

〈저 산 너머에는 대관절 무엇이 있을까? 아마 만灣이 있겠지. 깊을까? 좁을까?〉

이러한 생각 때문에, 젊은이들과 어울려 부르고 있었던 뱃노래 따위에는 관심이 없어지고 만다. 젊은 여자들이 던져 오는 농담도 들리지 않게 된다. 만과 산등성이를 지나고 나면, 또 새로운 생각이 그를 괴롭힌다.

〈저물기 전에 폭풍우가 몰아치지나 않을까?〉

그래, 폭풍우가 몰아치지나 않을까. 그는 괜스레 맑게 갠 하늘에서 검은 구름을 찾는 것이다. 몰아칠지 안 칠지 모르는 폭풍우로 걱정을 한다. 폭풍우는 끝내 오지 않고, 배는 저녁때 아무 탈 없이 사바이 섬에 도착한다.

이렇게 생각과 고민 속에서 여행을 한다면, 그 여행은 하지 않은 것과 마찬가지다. 왜냐하면 그의 생각은 언제나 그의 몸을 떠나, 또 배를 떠나 멀리 가 있었기 때문이다. 그럴 바에야 차라리 자기 섬, 자기 오두막집에서 잠이나 자고 있는 편이 좋았을 것을.

사람을 이토록 괴롭히는 정신이란 놈은 아이투^{악마}라고 여겨진다. 그러한 것을 어째서 소중히 하지 않으면 안 되는지, 나로서는 알다가도 모르겠다. 빠빠라기는 정신을 떠받들고 크게 여기며, 자신들의 머리에서 생긴 생각을 가지고 정신을 먹여 키운다. 언제나 정신에게 생각을 잔뜩 먹여, 한 번도 정신이 고파 본 적이 없다. 여러 가지 생각이 때로는 서로 잡아먹을 듯이 다투는 경우가 있지만, 빠빠라기는 별로 신경을 쓰지 않는다. 자신들의 생각을 에워싸고 야단법석을 떨면서, 생각이 예의범절을 모르는 아이들처럼 찢고 받고 까불어도 개의치 않고 내버려 둔다. 빠빠라기는 자기들의 생각이 꽃이나 산이나 숲과 마찬가지로 훌륭하다고 생각하는 것 같다. 자기들의 생각에 비한다면, 청년의 씩씩함이랄지 처녀의 발랄함 따위는 전혀 거들떠 볼 만한 게 못 된다는 투로 그들은 말을 한다. 인간은 많이 생각하지 않으면 안 된다는 율법이 도대체 어디에 있다고 그렇게 거들먹거리는지! 그 율법이 마치 하느님의 율법이기라도 한 것처럼 말이다.

야자나무나 산은 무엇을 생각할 때에 절대로 요란스럽게 굴지 않는다. 첫째로 야자나무가 빠빠라기처럼 시끄럽고 야단스럽게 무엇을 생각한다면, 아름다운 푸른 잎이나 황금빛 열매는 매달려 있지도 못할 것이다(생각을 많이 하면 사람이 금방 시들어 흉물스럽게 된다는 것쯤은 누구나 알 것이다). 미처 익기도 전에 야자열매는 떨어질 것이다. 물론 야자나무는 별로 많이 생각하지 않는다.

게다가 생각하는 일에는 참으로 여러 가지 종류가 있고, 여러 가지 방법이 있다. 정신의 화살로 맞혀야 할 과녁도 수없이 많다. 가련한 것은 아득히 먼 미래를 생각하는 자들이다.

〈밤이 가고 날이 새면 이것은 어떻게 되어 있을까? 내가 자레페^저승에 간다면, 위대한 마음은 뭐라고 말씀하시며 나를 꾸짖으실까? 타가로아^사모아 신화의 최고 신의 사자^使者가 내게 아가가^영혼를 가져다주기 이전에 나는 어디에 있었을까?〉

이러한 생각은 감은 눈으로 태양을 보고자 하는 것과 같다. 소용이 없다. 아무 쓸모가 없다. 먼 미래나 사물의 시초나 종말 등은 생각한다고 해서 실제로 알 수 있는 것도 아니다. 생각을 해본 자들은 그 점을 알고 있을 것이다.

그들은 어린 시절부터 어른이 된 후에까지도 물총새 모양으로 마냥 한 곳에 웅크리고 있다. 태양도, 넓은 바다도, 아리따운 아가씨도 보지 않는다. 기쁨도 없다. 있는 것도 없고, 없는 것도 없다. 카바 술도 이제는 맛이 없고, 마을 큰 마당의 춤 모임에 가도 땅바닥만 내려다보고 있을 뿐이다. 그들은 이미 살아 있는 존재가 아니다. 설령 아직 죽지는 않았다 하더라도, 생각이라는 중병에 걸려 거의 죽은 것이나 다름없다.

생각하는 일에 의해서 머리가 커지고 높아진다고 한다. 재빠르게 많은 것을 생각하는 사람을 가리켜 유럽에서는 〈큰 머리를 가진 사람〉이라고 말한다. 큰 머리를 가엾게 여기는 사람도 없다. 오히려 큰 머리는 많은 사람의 존경을 받는다. 마을 사람들은 그러한 사람을 추장으로 삼는다. 큰 머리는 가는 곳 어디에서나 여러 사람 앞에 나서서 생각을 한다. 그는 여러 사람을 기쁘게 해줄 일, 여러 사람의 칭찬을 받을 일을 생각하고 또 약속하지 않으면 안 된다. 큰 머리가 죽으면, 나라 전체가 검은 두렁이를 입고 잃은 자를 탄식한다. 커다란 바위로 큰 머리의 베낀 그림을 만들어 광장에 세워 놓고 여러 사람에게 보인다. 물론 이 돌로 만든 머리는, 그것을 본 작은 머리들이 속으로 깜짝 놀라고, 자신들의 작은 머리를 떠올려 죄송스럽게 느끼도록, 본디보다도 훨씬 크게 만들어져 있다.

만약에 어떤 사람이 빠빠라기에게 이런 질문을 했다고 하자.

「어째서 그렇게 많이 생각하는가?」

빠빠라기는 이렇게 답할 것이다.

「바보로 지내고 싶지도 않고, 바보로 지내서도 안 되기 때문이다.」

그렇게 많이 생각하지 않고서도 자기의 길을 찾아낼 수 있는 사람이 현명한 사람이라고 말해도 시원찮을 텐데, 빠빠라기는 거꾸로, 자기 길을 못 찾아도 많이 생각하는 사람을 현명한 사람이라고 한다. 빠빠라기의 세계에서는 생각하지 않는 사람은 모두 파레아^{바보·멍청이}로 취급된다.

그러나 〈바보가 되지 않기 위해서〉라는 것은 한낱 구실에 지나지 않는다. 빠빠라기가 그렇게 하는 것은 훨씬 나쁜 꿍꿍이 때문이다. 빠빠라기들이 생각하는 까닭, 그 진짜 목적은 위대한 마음의 힘을 속속들이 알아내려는 데에 있다. 이를 두고 빠빠라기는 듣기 좋게 〈인식한다〉는 말로 표현한다. 〈인식한다〉고 하는 것은 사물을 눈앞에 가져온다는 뜻이다. 코에 착 들러붙을 정도로, 아니 코끝을 푹 찔러 버릴 정도로 눈에 가깝게 말이다. 빠빠라기들이 온갖 것들을 푹 찌르고 파헤치는 것은 그들의 상스럽고 수치스러운 탐욕 탓이다.

빠빠라기는 지네를 잡아서, 작은 창으로 꿰뚫고, 다리 하나를 잡아 뗀다.

「다리 하나를 몸통에서 떼면 어떻게 되는지 살펴보자.」

「다리는 어떤 식으로 몸통에 고정되어 있는 것일까?」

굵기를 측정하기 위해 다리를 뚝 꺾어 버린다. 그러고는, 이것이 가장 중요한 일인데, 모래알 정도 크기로 잘라

낸 다리 조각을 가늘고 길쭉한 대롱 밑에 놓는다. 이 대롱에는 비밀의 힘이 있어서, 눈이 썩 잘 보이게 한다. 이렇게 아주 예민해진 눈으로 빠빠라기는 모든 것을 구석구석 남김없이 검사한다. 눈물, 살갗 부스러기, 머리털, 그 무엇이라도. 이러한 것들을 하나의 점이 될 때까지 잘게 자른다. 더 이상은 자를 수도 썰 수도 없게 될 때까지. 이 작은 하나의 점은 아무리 작더라도 가장 소중한 것이다. 왜냐하면 그것은 위대한 마음만이 알고 있는 드높은 지혜의 입구니까.

그러나 아무리 대단한 빠빠라기라도 그 입구로 들어갈 수는 없다. 그리고 그들이 자랑하는 제일 좋은 마법의 대롱 눈도 아직까지 이 입구 속을 들여다본 적이 없다. 위대한 마음은 절대로 자신의 비밀을 빼앗도록 놔두지 않는다. 절대로 놔두지 않는다. 발을 휘감으며 아무리 솜씨 좋게 야자나무를 타고 올라가도, 아직 야자나무보다 더 높이 올라간 사람은 아무도 없다. 나무 꼭대기에서 되돌아올 뿐이다. 더 높이 오르려고 해도 줄기가 없다. 위대한 마음은 탐욕스런 인간을 좋아하지 않는다. 그러한 까닭에 처음과 끝을 알 수 없는 기나긴 덩굴로 모든 사물을 뒤덮어 놓으셨다. 그러므로 온갖 생각을 바르게 더듬어 간다면, 누구나 결국엔 언제나 자신이 어리석을 뿐이며,

자신이 내놓을 수 없는 해답은 위대한 마음에게 맡길 수밖에 없다는 사실을 깨닫게 된다.

빠빠라기 가운데에서도 지극히 현명하고, 지극히 용기 있는 사람은 실제로 이 사실을 깨닫고 있다. 그럼에도 불구하고 대부분의 생각하는 병 환자는 그 욕망을 버리지 못하기 때문에, 길 없는 원시림을 가는 것과 마찬가지로 생각 속에서 길을 잃어 갈피를 못 잡고 있다. 그들은 혼란스러워진 나머지 갑자기 인간과 짐승을 구별할 수조차 없게 되고 말았다. 이건 정말이다. 그래서 〈인간은 동물이다. 동물은 인간적이다〉 따위의 주장을 하기 시작했다.

그중에서도 특히 꺼림칙하고 불길한 일이 있다. 빠빠라기가 생각하는 모든 일은, 좋은 일이든 나쁜 일이든 곧바로 그 희고 얇은 거적 위에 내던져진다. 이것을 빠빠라기는 〈생각이 출판된다〉고 말한다. 요컨대 이것은 예의 생각 병 환자들이 생각한 일을 다시 기계의 힘으로 새겨 둔다는 것이다. 그 기계란 것은 최고로 불가사의한, 놀라운 것이며 천 개의 손과 수많은 대추장의 마음을 합친 것과 같은 억센 의지를 갖고 있다. 그리고 한두 번도 아니고 몇 번이나 몇 번이나, 끝없이 하염없이 이 똑같은 생각을 되풀이해서 기록해 둔다. 이렇게 만들어진 많은 생각 거적은 압축되어 묶인다. 이것을 빠빠라기는 〈책〉이라고 부르는데, 나라 구석구석까지 퍼진다. 이들 생각을 받아들인 자는 누구나 이 생각 거적을 달콤한 바나나 먹듯이 허겁지겁 먹는다. 생각의 거적 다발은 어느 오두막집에든 있다. 상자 가득히 모아져 있어서, 늙은이든 젊은이든 쥐가 사탕수수를 먹듯이 이 거적을 갉아먹는다. 그러니까 순수하게 정직한 사모아인처럼 자연스럽게 세상을 느낄 수 있는 사람이 빠빠라기 중에는 거의 없다고 말할 수 있다.

빠빠라기는 똑같은 방법으로 어린이들의 머리에도 가득 처넣을 수 있는 한도까지 생각을 꾸역꾸역 밀어 넣는다. 어린이들은 날마다 강제적으로 정해진 분량의 생각 거적을 갉아먹어야 한다. 어린이들 가운데에서 특히 건강한 어린이들만이 이러한 생각을 안 먹겠다며 오두막집 밖으로 쏜살같이 도망간다. 아니면, 받아먹는 척하고는 생각이라는 물고기가 마음의 그물을 빠져나가도록 내버려 둔다. 그렇지만 대부분의 어린이는 이미 너무 많은 생각을 머릿속에 쌓아 버려서, 이제는 빛이 들어갈 틈조차 없다. 이런 일을 빠빠라기는 〈교육한다〉고 말하며, 이렇게 해서 머리의 혼란이 계속되는 상태를 〈교양〉이라고 한다. 그것이 온 나라에 골고루 미치고 있다.

교양이란 것은 요컨대 이러한 것이다. 머리를 최대한

지식으로 가득 채우는 일이다. 교양이 있는 사람은 야자나무의 높이, 야자열매의 무게, 역대 대추장들의 이름, 전쟁이 일어난 때를 정확하게 알고 있다. 달과 별의 크기, 모든 나라들의 크기를 알고 있다. 강 이름, 동물과 식물의 이름을 알고 있다. 뭐든지 알고 있다. 모든 것을 알고 있다. 교양이 있는 사람에게 뭔가 질문한다고 하자. 네가 입을 미처 다물기도 전에 그는 너를 향해 대답을 발사한다. 그의 머리에는 언제나 화살이 재어져 있어서 언제라도 쏠 수 있게 되어 있다. 어느 빠빠라기든 자신의 머리를 더욱 빠른 활로 만들기 위해서 자기 생애의 가장 좋은 시절을 소비해 버린다. 달아나려고 하면 다시 끌려온다. 빠빠라기는 알아야 한다. 빠빠라기는 생각해야 한다.

단 한 가지, 생각하는 병에 걸린 환자를 고칠 수 있는 방법이 있다. 잊는 것, 생각을 내던져 버리는 것이다. 하지만 아무도 그렇게 하려 들지 않기 때문에, 목적한 대로 잊을 수 있는 사람은 거의 없다. 대부분의 사람은 머릿속에 쌓여 있는 짐을 질질 끌고 다니며, 무거운 짐에 지쳐서 힘이 빠지고, 그럴 나이가 아닌데도 시들어 버린다.

너희들, 생각하는 일을 하지 않는 사랑스러운 형제들이여. 내가 너희들에게 있는 그대로의 진실을 남김없이 알려 준 지금, 그래도 기어이 빠빠라기처럼 되겠다는 형제가 있는가? 그들처럼 생각하는 것을 배워야만 하겠다는 형제가 있는가? 나는 말하리라. 그래선 안 된다! 우리들의 몸을 한층 튼튼하게 할 일이 아니라면, 우리들의 마음을 한층 즐겁고 유쾌하게 할 일이 아니라면, 무슨 일도 해서는 안 된다. 절대로 안 된다.

우리들은 생활의 기쁨을 빼앗는 모든 것으로부터 자신을 지키지 않으면 안 된다. 마음을 어둡게 하고 밝은 마음의 빛을 빼앗는 모든 것으로부터, 우리들의 머리와 마음을 다투게 만드는 모든 것으로부터 자신을 지키지 않으면 안 된다. 생각한다는 것은 심각한 병이며 사람을 하찮은 것으로 만들어 버린다는 사실을 빠빠라기는 스스로 본보기가 되어 보여 주고 있다.

빠빠라기는 우리를 그들과 똑같은

어둠 속으로

끌어들이려 한다

사랑하는 형제들이여. 어느 누구도 반짝이는 복음의 빛을 알지 못하고, 모두가 캄캄한 어둠 속에 꼼짝 않고 앉아 있던, 그러한 시절이 우리들에게는 있었다. 자기 오두막집을 찾지 못하는 어린이처럼 그 무렵 우리들은 갈팡질팡하고 있었다. 마음은 위대한 사랑을 알지 못하고, 귀는 하느님의 말씀을 듣지 못했었다.

그런 우리들에게 빠빠라기가 빛을 가져다주었다. 그들은 우리들을 찾아와 어둠 속에서 구출해 주었다. 그들은 우리들을 하느님에게로 인도했고, 하느님을 사랑하는 법을 가르쳐 주었다. 그러므로 우리들은 그들을 빛을 날라다 준 심부름꾼으로, 그들이 하느님이라고 부르는 위대한 마음의 대변인으로 존경해 왔다. 우리들은 빠빠라기를 형제로 인정하고, 형제로 대우했다. 그들에게 우리나라의 문을 닫지 않았으며, 같은 아버지에게서 태어난 형제로 여기고 모든 열매, 모든 먹거리를 아낌없이 나누어 주었다.

흰 사람들은, 비록 우리들이 말을 잘 알아듣지 못하여 분별없는 아이들처럼 그들의 가르침에 반항했을 때에도, 우리들에게 복음을 주려고 온갖 수고를 다 해주었다. 이러한 수고와 그들이 우리들을 위해 참고 견디어 준 모든 일에 대해 우리들은 감사해야 마땅하고, 영원히 그들을 칭송하고, 빛의 전령인 그들을 존경해야 한다. 빠빠라기의 선교사는 우리들에게 처음으로 하느님이 무엇인지 가르쳐 주었다. 그리고 선교사가 그릇된 〈우상〉이라고 부른 우리들의 오래된 신들을 우리들로부터 멀리 물리쳐 주었다. 우상 가운데에 진정한 신은 없었던 것이다. 이리하여 우리들은 밤하늘의 별, 불, 바람의 힘을 숭상하는 것을 그만두고, 그가 가르쳐 준 하느님, 하늘의 위대한 하느님에게로 눈을 돌렸다.

하느님이 맨 처음에 하신 일은, 빠빠라기의 손을 빌려 우리들로부터 모든 창과 활을 거둬들이는 일이었다. 우리들 모두가 착하고 순한 그리스도인답게 오순도순 평화롭게 생활해 나가도록. 너희들은 잘 알고 있을 것이다. 우리들 모두가 서로 사랑해야 하며, 서로 죽여서는 안 된다고 하는 하느님의 말씀을. 그리고 그것이 하느님이 말씀하시는 최고의 율법이라는 사실도. 우리들은 무기를 내놓았다. 그 후 다시는 서로 죽이는 싸움이 우리들의 섬을 휩쓴 적이 없다. 우리는 모두 서로 형제로서 존경하게 되었다. 이전에는 그리도 뒤숭숭했고, 그리도 으르렁거리던 마을과 마을이 손에 손을 잡고 오순도순 살고 있는 지금, 우리들은 새삼스럽게 하느님의 말씀이 옳았다는 것을 깨닫는다.

우리들 모두가 한 사람도 빠짐없이 위대한 하느님을 마음을 다해 믿고 있지는 않을지도 모른다. 우리들 모두가 한 사람도 빠짐없이 하느님의 사랑으로 가득 채워져 있지는 않을지도 모른다. 그러나 하느님을 위대한 추장 중의 추장, 이 땅의 지배자로 섬기게 된 이래로 우리들의 마음이 보다 커지고 보다 억세어진 것은 사실이다. 우리들은 충심으로 감사를 드린다. 하느님의 슬기롭고 위대한 말씀은 사랑으로 감싸서 우리들을 굳세게 하고, 우리들을 더욱더 큰 마음으로 가득 채워 준다. 우리들은 하느님의 말씀을 받들고 두려워하며, 감사를 다하여 하느님의 말씀을 듣는다.

나는 말했다. 빠빠라기는 우리들에게 빛을, 반짝이는 빛을 가져다주었다고. 그리고 그 빛은 우리들 마음속으로 불타 들어가서, 마음을 기쁨과 감사로 가득 채웠다고. 그들은 우리들보다 먼저 빛을 가지고 있었다. 우리들 중에서 제일 오래 산 사람이 태어나기 이전에 벌써 빠빠라기는 빛 속에 서 있었다. 그렇지만 그들은 빛을 온전히 품은 것이 아니라, 쭉 뻗은 손으로 잡고만 있었을 뿐이다. 그 빛이 다른 사람들의 길은 밝혀 주었지만, 정작 그들 자신, 그들의 몸은 어둠 속에 서 있었다. 입으로는 하느님의 이름을 큰 소리로 불렀지만, 마음은 멀리 떨어져 있었다. 그들은 빛을 마음속에 지니지 않고, 다만 손에 잡고 있었을 뿐이니까.

너희들 수많은 섬의 소중한 자식들이여. 너희들에게 이렇게 말해야 하다니, 나는 참으로 괴롭고도 슬프구나. 하지만 빠빠라기가 우리들을 자기들과 똑같은 어둠 속으로 억지로 끌어들이려 하니, 이를 피하려면 그들에 대해 착각하지 않아야 한다. 그들은 하느님의 말씀을 날라다 주었다. 정말 날라다 주었다. 하지만 그들 자신은 하느님의 말씀도 가르침도 이해하고 있지 않다. 입과 머리로만 알고 있을 뿐, 몸으로는 알고 있지 않다. 빛은 그들의 마음속 깊은 곳까지 스며들지 않았다. 그러니 그들의 행동에 빛이 반영될 리도 없다. 어디를 가든 진정한 마음에서 빛이 우러나오는 법도 없다. 이 빛은 다른 말로 하면 사랑이 될 것이다.

말과 행동이 이렇게 따로 노는데도, 그들은 이제 그런 줄조차 모른다. 하지만 하느님이라는 말을 이제 순수한 마음으로 입에 담지 못하는 빠빠라기를 보면, 그것을 쉽게 눈치 챌 수 있다. 하느님이라는 말을 들으면, 그들은 얼굴을 찡그리고 떠름한 표정을 짓는다. 마치 이렇게 말하는 듯하다.

〈난 피곤해. 그런 일 따위 내가 알게 뭐야?〉

과연 모든 흰 사람은 자기 자신들을 하느님의 아들이라 부르고, 그들의 추장들은 여러 가지 일들을 거적에 기록하여 자못 신앙심이 있는 것처럼 굴기는 한다. 하지만 아무래도 하느님은 그들로부터 아득히 멀다. 설령 모두가 위대한 가르침을 받고, 모두가 하느님에 대해서 알고는 있을지라도. 하느님을 우러러 받들기 위해 세워진, 눈부실 만큼 아름답고 큰 오두막집에서 하느님에 대해서 말해야 하는 전도자들조차도 마음속에는 하느님을 지니고 있지 않다. 그들의 설교는 바람에 날아가 버리고, 뒤에는 크고 텅 빈 집만 남아 있을 뿐이다. 하느님의 말씀을 전하는 사람의 설교가 하느님의 말씀을 전하고 있지 않

는 것이다. 그들은 다만 바위를 때리는 파도처럼 지껄인다. 아무도 듣지 않고 있다. 파도는 끊임없이 큰 소리로 울어 대지만.

내가 이렇게 말하더라도 하느님이 노여워하지는 않으시리라고 믿는다. 우리들 섬의 아들들이 별이나 불을 섬기던 무렵에도 지금의 빠빠라기보다 인품이 비루하지는 않았다. 우리들이 초라한 마음으로 어둠 속에 웅크리고 있었던 것은 단지 빛을 알지 못했기 때문이었다. 하지만 빠빠라기는 빛을 알고 있으면서도 어둠 속에서 살고 마음은 비루하다. 가장 나쁜 것은 그들이 스스로 하느님의 아들 행세를 하고 그리스도를 믿는 자라고 내세운다는 점이다. 손에 불을 가지고 있다고 마치 불 자체인 것처럼 행세하는 꼴이다.

빠빠라기가 하느님에 대해서 생각하는 일은 좀처럼 없다. 폭풍우가 덮쳤을 때라든가 생명의 불길이 꺼지게 되었을 때, 그제서야 자기보다 위의 힘, 자기보다도 지위가 높은 추장의 존재에 대해서 생각한다. 그러나 그런 날이 아닌 평소에는 하느님을 훼방꾼으로, 색다른 즐거움이나 쾌락을 맛보지 못하게 금지하는 존재쯤으로 여긴다. 빠빠라기는 그들의 즐거움이나 기쁨을 하느님이 절대 마음에 들어 하지 않으시리라는 것을 알고 있다. 만약에 하느님의 빛이 진정 자신들의 마음속에 있었다면, 지금 자기의 꼴이 너무나 부끄러운 나머지 쥐구멍에라도 들어갔을 것이다. 그들의 마음속에는 증오와 탐욕과 적의가 넘쳐흐르고 있다. 그들의 마음은 모든 것을 비추어 어둠을 몰아내고 따뜻함을 가져다주는 빛이 되지 못하고, 크고 날카로운 갈고랑이가 되고 말았다. 약탈하는 일 외에는 쓸모없는 갈고랑이가.

빠빠라기는 자신들을 가리켜 그리스도를 믿는 자라고 부른다. 가장 아름다운 노래와도 같은 말, 그리스도를 믿는 자. 아아, 우리들이 영원히 그리스도를 믿는 자로 존재할 수 있다면……. 그리스도를 믿는 자로 존재한다는 것은 첫 번째로 위대한 하느님을 사랑하고, 다음으로 형제를 사랑하고, 그리고 마지막으로 자신을 사랑한다는 뜻이다.

사랑이란 선행을 실천하는 일이다. 사랑은 우리들 몸속의 피처럼 우리들과 완전히 하나가 되지 않으면 안 된다. 머리와 손이 하나인 것처럼. 빠빠라기는 그리스도도, 하느님도, 사랑도 단지 말로만 입에 담을 뿐이다. 혓바닥을 놀려서 시끄러운 소리를 낼 뿐이다. 그들의 마음과 사랑은 하느님에 있지 않고, 단지 여러 가지 〈물건〉에, 또 둥근 쇠붙이와 묵직한 종이에, 또 쾌락의 생각이나, 여러 가지 기계에 가서 달라붙어 있다. 그것들 앞에 그들은 무릎을 꿇고 있다. 그들의 마음에 빛은 없다. 시간을 탐내는 야만스러운 탐욕과, 직업이라면서 그들이 저지르는 바보 똥딴지 짓만이 그들 속에 넘쳐흐르고 있다. 속임수 생활이 있는 장소에는 열 번이라도 가고 싶어 하면서, 하느님은 겨우 한 번 찾을까 말까다.

사랑하는 형제들이여. 하느님 외의 다른 것을 섬기고, 받들고, 사랑하고, 가슴속에 품는 것은 우상숭배라고 했다. 그렇다면 빠빠라기는 지금, 옛날에 우리들이 갖고 있었던 것보다도 훨씬 많은 우상을 섬기고 있다. 빠빠라기가 가슴속에 품고 있는 최고의 사랑은 하느님이 아니다. 그렇기 때문에 그들은 하느님의 의지에 의해서가 아니라, 아이투^{악령·악마}의 의지로 움직인다. 나 혼자만의 생각이지만, 빠빠라기가 우리들에게 복음을 전해 준 것도 일종의 교환품으로서였던 것 같다. 우리들의 열매랑 물고기를, 그리고 우리들 나라의 가장 크고 가장 아름다운 부분을 자기들의 것으로 만들기 위한 교환품으로서 말이다. 나의 판단이 잘못된 것 같지는 않다. 자기들의 마음을 파헤치면 그 속에 더러움과 죄악이 넘쳐흐르고 있는데도, 빠빠라기는 도리어 우리들을 가리켜 야만인이라 불렀다. 그리고 그들은 우리들을 마치 짐승의 이빨을 가진, 몸에는 심장이 없는 인간처럼 대했다. 그러한 그들보다도 하느님은 우리들을 훨씬 더 사랑해 주고 계시다는 사실을 우리들은 알고 있다.

그래도 하느님은 그들이 똑바로 볼 수 있도록 하기 위해, 그들의 눈 속으로 뛰어들어 눈꺼풀을 아래위로 밀어서 여신다. 하느님은 빠빠라기에게 이렇게 말씀하셨다.

「너희들 하고 싶은 대로 하여라. 나는 이제는 너희들을 위해 어떠한 율법도 정하지 않으리라.」

흰 사람은 하느님 곁을 떠나갔고, 그리고 본성을 드러냈다. 오오, 부끄러운 일이다! 오오, 무서운 일이다! 웅장한 혀놀림과 거만한 말투로, 그들은 우리들에게서 무기를 거둬들이고는 〈서로서로 사랑하라〉고 하느님의 말씀을 흉내 냈다. 그런데 지금 어떠한가?

오오, 형제들이여, 너희들은 지금 무서운 소식, 하느님도 없고 사랑도 없고 빛도 없는 사건이 일어났다는 소식을 듣는다. 유럽이 서로 죽이고 죽는 전쟁을 시작했다! 빠빠라기가 미쳤다. 잇달아 죽이고 죽는다. 온통 피다. 놀라움과 타락이다.

빠빠라기는 마침내 자백한다.

「우리들에게 하느님은 없다.」

그들이 손에 들고 있던 빛은 지금 꺼져 가고 있다. 그들이 가는 방향은 어둠으로 갇혔다. 큰 박쥐의 기분 나쁜 날갯짓 소리와 올빼미의 비명 소리가 왜애애앵 들릴 뿐.

 형제여, 하느님의 사랑과 너희들에 대한 사랑이 내 마음에 가득 차 있다. 그러한 까닭에 하느님은 내게 작은 목소리를 주셨고, 지금까지 나는 너희들에게 이 모든 것을 말할 수가 있었다. 그리하여 이제 우리는 스스로의 힘을 발견하게 되었고, 재빠르게 혀를 놀려 사람을 속이는 빠빠라기에게 당하지 않아도 되게 되었다. 만약에 흰 사람이 추근대며 다가오면, 이제부터는 손으로 밀치며 이렇게 말하자꾸나.

「큰 소리로 떠들지 마라. 너의 말은 부서지는 파도 소리다. 야자나무 잎이 바람에 스쳐서 와삭와삭하는 소리다. 네 얼굴이 기쁨과 자신감으로 넘치지 않는 한, 네 눈이 반짝이지 않는 한, 그리고 네 모습에서 하느님의 모습이 태양처럼 비쳐 오지 않는 한, 너의 지껄임은 이제 필요 없다.」

 우리들은 더욱더 다짐을 하고 그들에게 호소하리라.

「우리들에게 가까이 오지 마라. 너희들의 기쁨과 쾌락을 가지고 우리들에게 다가오지 마라. 욕심을 부려 그러모은 야만적인 약탈물을 팔에, 머리에 두르고 걸친 채 우리들 가까이에 오지 마라. 다른 형제들보다 더 많이 가지겠다는 탐욕, 부질없는 행동, 함부로 손을 놀려 만들어 내는 잡동사니, 헛똑똑이로 만들 뿐인 오만 잡생각과 지식, 그리고 쓸데없는 호기심, 이러한 바보 같은 것들을 몰고 우리들에게 접근하지 마라. 너희들을 거적 위에서 푸근히 잠잘 수도 없게 만드는 온갖 어이없는 짓거리, 그러한 것들은 우리들에게 전혀 필요 없다. 우리들은 하느님께서 듬뿍 내려 주신 고상하고 아름다운 기쁨이면 충분하다.」

빠빠라기의 빛에 눈이 멀어 미로에 빠져드는 일이 없도록, 하느님의 빛이 모든 길을 비추시어 우리들이 빛 속을 걸어갈 수 있도록, 우리들이 각자의 마음속에 하느님의 빛을 받아들일 수 있도록, 하느님께서 제발 우리들을 도와주시옵기를. 그러면 우리는 참으로 서로서로 아끼게 될 것이고, 마음에 타로파^{사랑}를 많이 만들어 낼 수 있을 것이다.

빠빠라기

옮긴이 강무성은 진주고등학교, 고려대학교 불어불문학과를 졸업하고, 편집자 겸 디자이너로 대학문화사, 정신세계사 등에서 일했으며, 전자책용 폰트를 개발하는 투바이트폰트연구소 이사로 일하기도 했다. 열린책들 편집주간을 역임했다. 짓거나 옮긴 책으로는 『자유라는 화두』(공저), 『당신의 소원을 이루십시오』(번역) 등이 있다.

지은이 투이아비 엮은이 에리히 쇼이어만 옮긴이 강무성 발행인 홍예빈·홍유진
발행처 주식회사 열린책들 주소 경기도 파주시 문발로 253 파주출판도시
대표전화 031-955-4000 팩스 031-955-4004
홈페이지 www.openbooks.co.kr 이메일 humanity@openbooks.co.kr
Copyright (C) 강무성, 2009, *Printed in Korea*.
ISBN 978-89-329-1027-7 03850
발행일 2009년 12월 30일 초판 1쇄 2023년 11월 10일 초판 3쇄

이 도서의 국립중앙도서관 출판예정도서목록(CIP)은 서지정보유통지원시스템 홈페이지(http://seoji.nl.go.kr)와 국가자료공동목록시스템(http://www.nl.go.kr/kolisnet)에서 이용하실 수 있습니다.(CIP제어번호: CIP2009003993)